석학人文강좌
08

복에 관한 담론

석학人文강좌 **08**

복에 관한 담론 – 기복사상과 한국의 기층문화

2010년 2월 10일    초판 1쇄 발행

| | |
|---|---|
| 지은이 | 최정호 |
| 펴낸이 | 한철희 |
| 펴낸곳 | 돌베개 |
| 책임편집 | 최양순 · 이경아 |
| 편집 | 조성웅 · 김희진 · 신귀영 |
| 디자인 | 이은정 · 박정영 |
| 디자인기획 | 민진기디자인 |

| | |
|---|---|
| 등록 | 1979년 8월 25일 제406-2003-018호 |
| 주소 | (413-756) 경기도 파주시 교하읍 문발리 파주출판도시 532-4 |
| 전화 | (031) 955-5020 |
| 팩스 | (031) 955-5050 |
| 홈페이지 | www.dolbegae.com |
| 전자우편 | book@dolbegae.co.kr |

ISBN 978-89-7199-379-8 94340

ISBN 978-89-7199-331-6  (세트)

**이 저서는 '한국학술진흥재단 석학과 함께하는 인문강좌'의 지원을 받아 출판된 책입니다.**

석학
人文
강좌
08

# 복에 관한 담론

기복사상과 한국의 기층문화

최정호 지음

돌베
개

아버지 베갯모에 어머니가 수놓은 '壽富貴 多男子'
全北 完州郡 孝潤齋 延安人 李義丞(1950~ ) 씨 제공

靑花 吉祥字銘 鉢(청화길상자명발), 朝鮮時代 19세기 후반
李秉昌 컬렉션 '한국 도자기의 아름다움'에서
日本 大阪 東洋陶瓷美術館, 1999

책머리에

# 감사를 드리고 싶은 분들에게

이 책이 나올 때까지 두 재단의 도움을 받았습니다.

우리나라 사람들의 복福을 비는 마음, 복의 표상에 관해서 생각을 해보기 시작한 것은 6·25 전쟁 중이었습니다. 그러니까 그것은 50년을 훌쩍 넘겨 버린 먼 옛날의 일입니다. 당시 나는 평화로운 여느 때보다 훨씬 다급하고 간절한 상황 속에서 복을 비는 마음이란 한국 사람들의 삶을 그 밑바닥에서 움직이고 있는 기본 동기요 거기에 한국 문화의 본바탕도 있다고 느끼게 됐습니다. 그래서 복의 개념에 대한 이해가 없이는 한국인의 행동 동기에 관한 어떠한 해명이나 또는 어떠한 한국 문화론의 체계를 시도한다 하더라도 그것은 바깥 출입용의 공소한 '사랑방 논리'로 시종할 뿐, 한국적인 것의 참모습을 안방의 알몸으로 보여주지는 못하리라고까지 생각하게 됐습니다. 그로부터 나는 기회만 있으면 한번 복에 관해서 알아봐야겠다고 마음만 먹고는 어느덧 30년의 세월을 흘려보냈습니다.

30년이라면 참 엄청나게 긴 시간이기도 합니다마는, 그것은 일을 하는 부지런한 사람의 경우에 그렇고 나처럼 '착상'만 해둘 따름 '착수'를 하지 못하는 불출不出의 게으름뱅이에게는 30년도 잠깐입니다. 부끄러운 얘기입니다만 일에 착수할 수 있는 계기를 얻기 위해서 한번은 어디다가 연구비를 신청해 본 일도 있었습니다. 그러나 전공 분야와 주제가 다르다는 이유로 거절당하고 말았습니다. 그렇다면 과연 복의 문제를 독점해서 다룰 수 있는 어떤 전공 학문이 있는 것인지, 또는 복의 문제가 어느 한 전공 학문의 접근에 의해서 온전히 구명될 수가 있는 것인지……

그러던 어느 날 나는 어느 모임에서 그 자리에 나와 계신, 지금은 고인이 되신 정수창鄭壽昌 전 대한상의大韓商議 회장을 만나 뵙고 여담으로 복에 관한 내 생각을 털어놓아 보았습니다. 그랬더니 정 회장이 "아, 그래요. 그거 재미있겠군요. 한번 해보시지 그러세요?" 하는 반응을 보였습니다. 그러곤 바로 그 다음날 연강학술재단蓮崗學術財團의 사람을 보내와 아무것도 따지지 않고 그냥 연구비를 보내 주셨습니다.

이 글의 1차적인 연구는 그래서 20년 전에 고故 정수창 회장의 주선에 의해서 이루어진 것입니다. 그러나 그것을 오랫동안 완결시키지 못하고 있었는데, 이번에는 고려대학교의 조성택趙成澤 교수가 학술진흥재단學術振興財團에 주선을 해서 이른바 '석학과 함께하는 인문강좌' 시리즈의 하나로 발표토록 해 주었습니다. 그럼으로써 마침내 한 권의 소책자로 상재하기에 이르렀습니다. 나는 연강학술재단과 학술진흥재단, 그리고 두 재단에 나를 추천해 주신 고故 정수창 회장과 조성택 교수에게 제일 먼저 이 책의 출간에 심심한 사의를 표합니다.

"하루의 명상보다 한 시간의 대화가 낫다"는 것은 이 글의 한 주제가 되고 있는 '우정'에 관해서 베이컨Francis Bacon이 한 말입니다. 4주 동안 열렸던 '인문강좌'에 지정 토론자를 배석시켜 마지막 5주째엔 그분들의 논평을 듣고 토론, 대화할 기회를 얻었다는 것은 이번 인문강좌가 발표자에게 베풀어 준 큰 특전이었습니다. '10년의 명상보다 하루의 대화가 낫다'는 것을 나에게 입증해 준 그 고마움은 헤아릴 수가 없습니다. 거기에 참여해 주신 김인회金仁會 교수, 전상인全相仁 교수, 한경구韓敬九 교수에게 깊은 감사를 드립니다. 한편 인문강좌 5주 동안 힘든 사회를 맡아 주신 고봉만 교수와 강좌의 안살림을 맡으셨던 학술진흥재단의 여러분께도 깊은 감사의 뜻을 전하고자 합니다.

그 밖에도 이 글은 어떤 위촉도 받지 않고 순전히 우정으로 원고를 읽어 주신 몇 분의 귀중한 논평과 격려와 교열을 받았습니다. 박이문朴異汶 교수, 유종호柳宗鎬 교수, 송호근宋虎根 교수가 그분들입니다. 더러는 시간에 쫓겨 그분들의 뜻을 이번에는 충분히 책에 반영시키지 못한 아쉬움은 있으나 그럴수록 세 분에 대해서 감사를 빚지고 있는 마음은 더합니다.

마지막으로 이 글이 한 권의 책이 되어 나올 때까지 눈에 띄지 않은 곳에서 수고를 해 주신 돌베개출판사 편집부의 여러 분들, 특히 최양순 씨에게 큰 고마움의 뜻을 전해 드리고자 합니다.

2009년 12월

최정호

## 차례

# 1장

# 담론(談論)에 들어가기 전의 잡론(雜論)

# I

# 무의 체험: 없는 것을 본다

우리는 있는 것을 봅니다. 우리가 보는 것은 있는 것입니다. 있지 않은 것은 볼 수가 없습니다. 있지 않은 것, 없는 것을 어떻게 볼 수 있겠습니까.

없는 것은 볼 수도 없습니다. 당연한 얘기입니다.

그렇습니까? 그렇기만 한 것일까요?

가령 나는 이 자리에 내 친구 이李 아무개가 나와 있지 않은 것을 봅니다. 그는 이번 주초에 해외에 출장을 갔습니다. 나는 그가 없는 것을 봅니다. 없는 것을 본다는 것은 일찍이 없는 것의 있음을 보았기 때문이라 할 수 있겠지요. 내가 이 아무개의 존재를 처음부터 알지 못했다면, 그의 있음을 진작 보지 못했다면, 지금 이 자리에 나타나지 않은, 그의 없음도 보지 못했을 것입니다. 그렇다면 어떤 없는 것을 본다는 것은 지금 없는 것의 있음을 이전에 미리 보았다는 것이 전제가 된다고 해서 괜찮겠지요.

만일 이 말을 받아들일 수 있다면 이제 우리는 많은 없는 것을 본다, 볼 수 있다고 감히 말할 수가 있겠습니다. 효심이 지극한 사람은 부모님의 안 계심을 자주 봅니다. 지극히 사랑하던 사람과 헤어지면 그 많은 누구의 있음보다도 오직 사랑하는 한 사람의 없음만이 더욱 뚜렷하게, 더욱 사무치게 보일 수도 있겠지요.

물론 나는 지금 여기에서 '없음'의 체험, '없음의 있음' 운운하며 제법 철학적인 것처럼 들리는 수사들을 구사하고 있습니다만 (안심하십시오!) 그렇대서 형이상形而上학적인 또는 선험적先驗的인 무無의 주제를 다루려는 생각은 추호도 없습니다. 내가 얘기하는 없음은 상식적·일상적인 어법에서 구사하는, 그런 점에선 매우 형이하形而下학적이요 경험적인 차원에서 하는 말이라 이해해 주시면 되겠습니다.

좀 더 구체적인 다른 보기를 든다면 이런 것들입니다. 6·25 전쟁 중의 일이니 지금부터 거의 60년 전의 옛날이 되겠습니다. 나는 그 전란 중에 어쩌다 어느 항도港都를 찾아가 참으로 오랜만에 바다를 보고 그 너무 큰 감동에 부끄럽게도 눈물을 흘린 일이 있습니다. 무엇을 보았느냐고요? 아무것도 안 보았습니다. 다만 아무것도 없다는 것을 보았을 뿐입니다. 그곳에는 전란의 흔적이라 할, 비참하고 궁상맞고 지저분한, 아무것도 없고 오직 가없는 바다와 가없는 하늘이 까마득히 먼 데서 맞닿는 무한 공간만이 있었습니다. 나는 바닷가에서 체험한 그때의 감동을 '없는 것이 이렇게도 크게 있구나, 무無를 이렇게도 큰 스케일로 볼 수 있구나'라고 적어 보았습니다.

기왕 개인적인 얘기를 꺼내고 말았으니 사사로운 경험담을 조금 더 해보겠습니다. 대부분의 우리 세대 친구들은 처음에 미국을 갈 때 태평양을 건너서 갔습니다. 그것은 구한말 개화 운동의 선각자들이 미국을 갈 때부터 그랬습니다. 그러나 나는 젊은 시절에 유럽에서 먼저 오래 생활을 한 후에 태평양이 아니라 대서양을 건너서 미국을 처음 방문했습니다. 말하자면 서재필徐載弼, 이승만李承晩 코스가 아니라 콜럼버스 코스로 미국을 가본 셈이지요. 그래서 그런지 사람들이 태평양을 건너 미국 땅에 내리면, 그곳엔 당시 찢어지게 가난했던 한국에는 없는 너무나 많은 것들이 너무나 넘쳐나게 있는 풍요로움에 우선 압도돼 버립니다. 미국엔 그야말로 '없는 것이 없다, 있을 것은 다 있다. 뿐만 아니라 그것도 넘쳐 쏟아지도록 많이 있다'는 것에 압도된다는 얘기입니다. 그건 그럴 수밖에 없겠지요. 십분 이해할 수 있는 일입니다.

그러나 유럽에서 오래 살다 대서양 코스로 미국에 가면, 그 경우엔 미국에도 '없는 것이 없지가 않고 있기도 하다, 없는 것이 있다'는 것이 눈에 띕니다. 있을 것은 다 있지 않고 없기도 하다는 것을 깨닫게 된다는 얘기입니다. 가령 미국의 공항에 내리면 유럽의 도시들과는 달리 시내로 들어가는 버스나 전철 같은 대중교통 편의가 별로 없다는 사실부터 보게 됩니다. 그리고 그곳에서 친구들을 만나 얘기를 들어 보면 대학 등록금이 비싸서 돈이 없으면 공부를 할 수가 없고, 역시 돈이 없으면 병원에서 아이를 낳을 수도 없다는 사실도 알게 됩니다. 요컨대 미국에는 복지국가의 이른바 사회적 성취Soziale Leistungen라고 하는 공공 의료보험이나 각종 사회보장제도가 서유럽 국가들과 비교하면 거의 없다는 것이 첫인상으로 눈에 들어옵니다. 그런 것이 없다는 것이 보인다는 얘기입니다.

우리는 한 사회체계나 문화체계의 특수성을 이해하기 위해 흔히 그것을 다른 사회·문화 체계와 비교해 봄으로써 출발할 수 있습니다. 그럴 경우 어떤 사회·문화 현상이 어느 곳에는 있는데 다른 곳에는 없다면, 그러한 유무有無의 대조는 비교 분석의 출발에 좋은 실마리를 대 줄 수가 있겠습니다. 어떤 것이 여기에는 있고 저기에는 없다고 하는 유무의 차이를 발견한다는 것은 그것만으로도 비교 분석을 위한 확실한 기반이 돼 줄 수 있습니다. 상이한 사회·문화 체계의 비교 분석에는 그리고 보면 없는 것을 보는 눈이 요구된다고 생각돼서 이처럼 얘기의 앞머리에 없는 것과 관련한 긴 요설을 떨어 본 것입니다.
물론 비교사회문화적인 연구와 분석은 어떤 현상에 관해서 유무有無 양단의 존재론적 명제를 제기함으로써 다하는 것도 아니고 그럴 수도 없는 것이겠지요. 있음과 없음의 인지認知는 비교 분석에서 정성적定性的 판단을 낳는 하나의 범주, 매우 중요하기는 하지만 오직 하나의 범주에 불과합니다.

비교사회문화 연구에는 그 밖에도 여러 가지 비교 분석의 도구와 범주가 있습니다. 이곳에나 저곳에나 다 같이 있는 현상도 그를 차별화할 수 있는 정량적定量的 판단을 위한 여러 범주가 있고, 또는 동일한 현상을 문화권에 따라 저마다 달리 해석하고 평가하는 다양한 해석, 다양한 가치관, 다양한 가치 척도의 범주도 있습니다.

한 가지 분명한 것은 내가 이제부터 얘기해 보려는 한국의 기복祈福사상과 같은 이른바 인문학적인 주제를 제대로 다루려면 비교사회문화적인 시야를 열어 주는 역사학과 인류학 분야의 충분한 교양과 학식이 전제되어야 한다는 것입니다. 그럼에도 불구하고 실인즉 나는 그 어느 한 분야도 제대로 공부하고 견식을 갖춘 것이라곤 없는 무자격자입니다. 그 사실을 먼저 실토하지 않을 수가 없습니다. 이러한 고백을 하고 나서도 염치없이 얘기를 더 계속 끌어가겠다는 것은 물론 나의 분수를 모르는 뻔뻔함 때문이라 하겠습니다. 다만 거기에는 또 나름대로는 다음과 같은 사유가 있다고 생각해 보고 있습니다.

그것은 기복사상을 주제적主題的으로 다룬 어떤 학자도 과문한 탓인지는 몰라도 아직은 없는 것 같고, 학문적 업적도 별로 눈에 띄지 않는다는 것이 첫 번째 사유입니다.*

---

\* 아마도 그런 이유에서 한국정신문화연구원(현 한국학중앙연구원)이 1989년 한국민족문화대백과사전을 편찬할 때 거기에 수록된 큰 항목 '복'의 집필을 문외한인 이 사람에게 위촉한 것 같습니다. 한국민족문화대백과사전 9권, 903~914쪽 참조.

그러나 그럼에도 불구하고 '기복사상은 우리들 한국인의 삶을 움직이는 근본 동인으로 작용하고 있다. 말하자면 기복사상은 일종의 기층문화로서 한국의 사회·문화 체계를 형성하는 데 매우 중요한 동인動因 내지 결정인決定因이 되고 있다'고 하는 나의 확신이 두 번째 사유입니다.

　　이웃 일본에 관해서는 일찍부터 그 나라 사회·문화의 특성을 설명하는 여러 가지 큰 틀의 이론grand theory들이 일본 내외의 학자들에 의해서 연구 발표된 바 있습니다.[1] 그에 비해 우리 나라의 사회·문화를 분석한 큰 틀의 이론 내지 이론화를 위한 시도는 별로 많이 눈에 띄는 것 같지가 않습니다. 기복사상에 관한 연구는 그러한 아쉬움을 달래보려는 하나의 시도로 봐 주셔도 되지 않을까, 하는 나의 바람이 세 번째 사유입니다.

　　얘기가 다소 산만하게 옆 가지로 뻗어 간 듯하니 다시 처음에 꺼낸 없는 것을 본다는 얘기로 돌아가 보겠습니다. 일제 식민지 시대에 태어나서 초등학교의 거의 전 과정 동안 일본 교육을 받다가 1945년 조국의 광복을 경험한 우리 세대는 이미 어렸을 때부터 부지불식간에 우리 것을 일본 것과 견줘 보곤 하면서 자랐습니다. 우리 세대는 우리 글보다 먼저 일본 글을 배웠고, 우리의 국사보다 먼저 일본의 역사를 배웠습니다.

　　우리말, 우리글, 우리 문화의 자연스럽고 당연한 세계 속에 묻혀서 우리는 자라나지 못했습니다. 일본 말, 일본 글, 일본 문화를 먼저 익

히다가 초등학교를 졸업하기 조금 전 우리는 어느 날 갑자기 일본 것을 밀어젖히고 그때부터 새로 우리 것을 배우기 시작한 것입니다. 그래서 우리는 우리글, 우리 역사, 우리 문화를 우리 것임에도 불구하고 새로운 것, 낯선 것, 타자他者처럼 만나게 됐다고 해도 지나친 말이 아니라고 믿습니다. 일제 식민지 교육을 받고 자란 우리 세대에겐 모국어, 모국 문화가 갖는 자명성自明性이란 없었습니다. 그것들은 처음부터 우리에게 있었던 소여所與가 아니라 이제부터 새로 배우고 익혀야 할 소임所任이요 또는 과업으로서 우리 앞에 새삼스럽게 다가온 것입니다. 어떤 의미에선 식민지 교육을 받은 세대는 해방둥이 세대에 비해 모국 문화, 모국 사회를 어느 정도로는 객관적으로 비교 성찰할 수 있는 여건, 나를 남의 눈으로 볼 수 있는 여건에서 다소 유리한 고지高地에 서 있다고 해서 좋지 않을까 생각되기도 합니다.

우리는 초등학교 시절의 거의 전 과정을 일본이 저지른 전쟁 ── 중일中日 전쟁과 태평양 전쟁 ── 통에서 지냈습니다. 그로부터 불과 5년 후 중학교 고학년(지금의 고등학교) 시절, 이번에는 우리가 저지른 우리들끼리의 전쟁 ── 6·25 전쟁 ── 을 치르게 됩니다. 이 두 전쟁의 체험을 통해서 나는 일본인과 한국인은 어딘가 크게 다르구나 하는 것을 어린 나이에도 막연히 깨달았습니다. 국가 앞에서의 한국인과 일본인의 자세에서, 전쟁 앞에서의 한국인과 일본인의 자세에서, 죽음 앞에서의 한국인과 일본인의 자세에서 또는 두 나라 사람들의 이른바 공公 개념 등에서, 가깝고도 먼 이 이웃 나라 사이에는 의외로 커다란 문화적 상이성이 도사리고 있다는 것을 깨달았습니다. 그럼으로써 나는 일본에는 당연한 것으로 있는 것이 한국에는 없다는 사실도 알게 됐습니다.

그 후 유학 생활을 통한 유럽 문화 체험은 우리의 사회·문화를 단순히 한일 간의 좁은 이변적인bilateral 시각에서 벗어나 보다 넓은 다변적인multilateral 시각에서 비교 성찰할 수 있는 기회를 마련해 주었습니다. 달리 말한다면 이제는 다른 여러 곳을 보게 됨으로써 우리나라에는 더 많은 없는 것이 있다는 것을 알게 됐습니다. 없는 것을 더 많이 보게 된 셈입니다. 여기서는 내가 본 많은 없는 것 가운데서, 제일 먼저 발견하고 두고두고 오래 생각해 보게 된 것 가운데서 특히 이 담론의 주제와도 어디선가 관련이 된다고 생각되는 얘기를 좀 해볼까 합니다. 무덤〔墓地〕에 관한 얘기입니다.

# 2

# 무덤을 찾아다니며

언제부터 생긴 기묘한 버릇(奇習)인지, 나는 젊은 시절 외국에 나가 살 때 어느 새로운 도시를 방문하면 곧잘 그 고장의 묘지부터 찾아보는 버릇이 있었습니다. 아마도 독일 하이델베르크 유학 시절에 그곳 공동묘지에 묻힌 막스 베버와 마리안네 베버 부부, 지휘자 빌헬름 푸르트벵글러, 철학자 쿠노 피셔 등의 무덤을 찾은 것이 시작이 아니었나 회상됩니다. 유럽의 묘원墓園은 우리나라의 공동묘지와는 달리 그 꾸밈새가 아름답고 잘 정리돼 있기도 해서 꽤 볼 만하고 관광객에게도 충분히 눈요깃거리가 되고 있습니다.

자동차로 드라이브하면서 둘러봐야 되는 오스트리아의 수도 비엔나의 광대한 중앙묘지Zentralfriedhof는 그 좋은 보기입니다. 그곳의 가령 음악가 묘역 단지에는 베토벤, 브람스, 글루크, 슈베르트, 후고 볼

프, 요한 슈트라우스 부자 등 세계 음악의 기라성 같은 작곡가들이 한데 모여 묻혀 있습니다. 더욱이 그 무덤들은 천편일률적인 우리나라의 무성격한 봉분과는 달리 무덤마다 각 시대 양식의 조각 작품을 장식하고 있기도 해서 다양하고 개성적인 형상을 보여줍니다. 장엄하기도 하고 우아하기도 한 유럽의 그러한 묘지들을 우리나라의 초라한 분묘와 비교하고 나면, 과연 한국이 세계에 자랑할 조상 숭배의 나라라 할 수 있는지 자신이 없어집니다. (물론 선조들의 무덤 자리로 명당을 찾으려는 한국인의 성심과 열성만은 단연 세계 제일이란 믿음에는 지금도 변함이 없지만…….)

가령 프랑스의 여행 가이드북 『기드 뒤 미슐랭』에는 작곡가 베를리오즈, 시인 보들레르, 독일의 망명 문인 하이네, 또는 실존주의 작가 사르트르와 보봐르 등 명사들 한 사람 한 사람의 묘역 지도까지 자세히 기재된 파리의 몽마르트르와 몽파르나스의 공동묘지에 대한 안내가 있습니다. 그곳은 가보신 분들도 많으시리라 믿기 때문에 그곳에 관한 긴 얘기는 생략하기로 하고, 여기서는 비교적 근래에 가본 묘지 몇 군데에 관한 얘기만 해볼까 합니다.

나는 이탈리아의 베네치아를 20여 년 전 처음 방문했습니다만 그때는 다른 곳은 둘러보지도 않고, 그럴 시간 여유도 없고 해서 오직 한 군데만 구경하고 돌아왔습니다. 베네치아 시내에서 택시(모터보트)로 20분 정도의 거리에 있는 산 미켈레 섬 Isola S. Michele만을 둘러보고 온 것입니다. 그 섬의 공동묘지에 묻힌 작곡가 이고르 스트라빈스키(1882~1971)의 무덤을 찾아보고자 했던 것이었습니다. 물론 스트라빈스키는 러시아, 프랑스, 미국의 국적을 차례로 가진 세상이 다 아는 코스모폴리탄이었기 때문에 그가 어디에 묻히건 놀랄 일은 아니라 할 수도 있겠습니다. 하지만 뉴욕에서 숨을 거둔 그가 영면의 장소로 마지막 국적을 얻은 그 광활한 미 대륙의 땅이 아니라 굳이 대서양을 횡단해서까지 유럽으로 건너와, 하필이면 그것도 예전에 한동안 국적을 취득하고 살았던 프랑스가 아닌 이탈리아의 베네치아로 건너와서 거기서도 다시 한참 떨어진 한적한 외딴섬에 묻혔다는 것이 내게는 도무지 궁금하기만 한 수수께끼였습니다. 그래서 나는 산 미켈레 묘지를 찾아가 봤고, 거기서 그 수수께끼를 풀 수 있었습니다. 거기에는 이고르와 베라 스트라빈스키 부부의 묘가 있었고, 거기에서 10여 미터 떨어진 곳에 세르게이 디아길레프(1872~1929)의 무덤이 있었던 것입니다. 나는 그걸 확인하고 그때 그곳에서 잔잔한 감동을 느꼈습니다.

'발레 뤼스'Ballet Russe(러시아 발레단)를 창단해 20세기 발레의 부흥에 결정적인 기여를 한 디아길레프는 스트라빈스키에게 발레 음악의 명작 〈불새〉, 〈페트루슈카〉, 〈봄의 제전〉 등의 작곡을 위촉해 그를 세계적인 음악가로 키워 준 사람입니다.

산 미켈레에 못지않게 나를 감동시킨 것은 서베를린의 첼렌도르프 공원묘지에 묻힌 전 독일 총리 빌리 브란트의 무덤이었습니다. 사생아로 태어나서 서베를린 시장을 거쳐 유럽 대륙 최고最古의 정당 당수가 돼 제2차 세계대전 후 첫 사회민주당 출신의 총리로 취임한 빌리 브란트(1913~1992). 그는 냉전 시대에 동서 유럽의 화해에 기여한 업적으로 노벨 평화상을 받기도 했습니다. 그러나 그의 무덤에는 아무런 장식이나 가공도 하지 않은 자연석이 하나 덩그렇게 세워져 있고, 거기에는 일체의 경력이나 관직에 관한 표시 없이 ─ 심지어 드골 프랑스 전 대통령(1890~1970) 묘비에도 그것만은 새겨 두었다는 생년과 몰년沒年의 표시도 없이 ─ 다만 WILLY BRANDT라는 이름만 새겨져 있었습니다. 그러나 그보다도 나를 감동시킨 것은 브란트의 묘역 바로 뒤가 에른스트 로이터(1889~1953)의 묘역이라는 사실이었습니다.

로이터와 브란트는 둘 다 베를린 시장을 역임하면서 로이터는 스탈린의 베를린 봉쇄에 저항해서, 그리고 브란트는 흐루시초프의 베를린 장벽에 맞서 분단 도시의 자유를 지켜 낸 독일 사회민주당 지도자입니다. 제2차 세계대전 후 노르웨이 군복을 입고 망명지에서 귀국한 젊은 브란트를 정치가로 키워 준 사람이 역시 터키의 망명지에서 귀국한 베를린의 선배 시장 에른스트 로이터였습니다.

이와 비슷한 경우로 가히 압권이라 할 만한 사례를 나는 최근 모스크바의 한 공동묘지에서 구경했습니다. 그곳은 가령 정치가로는 흐루시초프와 옐친, 문인으론 고골과 체호프, 무대인으론 샬랴핀과 울라노바 등이 묻혀 있는 명소 노보데비치 수도원의 묘원이었습니다. 나는 거기에 전년에 타계한 러시아의 세기적 첼리스트 로스트로포비치(1927~2007)가 묻혀 있다 해서 2008년 6월 초 짬을 내어 찾아가 봤습니다. 로스트로포비치의 무덤은 묘비가 완성되지 않아 가묘 상태로 있었습니다. 그러나 마치 제2차 세계대전 전의 세계에서 드림 트리오라 일컫던 파블로 카살스(첼로), 자크 티보(바이올린), 알프레드 코르토(피아노)의 3인조와 마찬가지로 제2차 세계대전 후엔 로스트로포비치와 함께 소련의 '드림 트리오'를 이루었던 에밀 길렐스(1916~1985, 피아노)와 레오니드 코간(1924~1982, 바이올린)의 묘소가 오래전부터 거기에 자리잡고 있었습니다. 나를 놀라게 한 것은 이들이 형제도 부부도 아님에도 불구하고 길렐스와 코간은 같은 자리에 묻혀 있고, 묘비도 둘이 붙어 있었던 것입니다.

사후의 영원한 안식처로 생전에 특별히 가까웠던 은인이나 선배, 친구나 동료들 곁을 찾아간다는 것이 동북아에는 없는 서양의 기독교 문화권에만 있는 풍습인가 생각해 봤습니다. 그러나 꼭 그렇지만도 않다는 것을 알게 됐습니다.

일본의 수도 도쿄에서 차로 한 시간 정도의 거리인 고도古都 가마쿠라鎌倉에는 도케이지東慶寺 묘원이 있습니다. 원래 비구니比丘尼 사원寺院이라고 하는 이 절의 후원에 마련된 공동 묘역에는 메이지유신明治維新 이후 일본 근대 문화 발전에 크게 기여한 출판사 이와나미서점의 창업자 이와나미 시게오岩波茂雄를 비롯해서 일본 근대 철학을 대표하는 니시다 기타로西田幾多郎와 아베 요시시게安倍能成, 와쓰지 데쓰로和辻哲郎, 다니카와 데쓰조谷川徹三, 문학자 고바야시 히데오小林秀雄와 아베 도모지阿部知二, 기시다 구니오岸田國士 등의 무덤이 모여 있습니다. 지난 100년 동안 일본 문화계의 주요 인물 가운데 그곳에 묻히지 않은 사람이 드물 정도로 도케이지 묘원은 근대 일본의 지식인과 예술인의 네크로폴리스necropolis라 할 만한 곳이 되고 있습니다.

물론 우리나라에도 다른 나라와 같이 순국한 군인들을 위한 국립묘지는 있습니다. 가족 묘지를 마련할 땅을 매입하기가 일반 서민들에겐 갈수록 어려워진 근래에 와서는 망우리를 위시해서 여러 군데에 공원 묘지, 교회 묘지 등이 개발되고 있다는 것도 알고 있습니다

그러나 우리나라에는 아직도 음악가, 학자, 작가들을 위한 공동묘지는 없는 것 같고, 앞으로도 있을 것 같지 않습니다. 그러한 것이 도대체 가능한지, 아니 그러한 발상부터 가능한 것인지……, 나는 회의적입니다. 그뿐만 아니라 우리나라에선 친구 곁에 영면할 묏자리를 잡은 사례가 있는 것 같지도 않습니다. 그러한 것이 도대체 가능한지, 아니 그러한 발상부터 가능한 것인지……, 역시 나는 회의적입니다. 살아서는 넓은 세상에 나와 이름도 군청이나 시청의 열린 호적부에 오르지만, 죽어서는 좁은 선영先塋의 가족묘에 돌아가 묻히고 이름도 닫힌 족보族譜에 기록되는 것이 괜찮게 사는 한국 사람들의 생사生死입니다.

기복사상을 알아보겠다는 담론의 서두에 왜 난데없이 무덤 얘기부터 꺼내느냐고 할 분도 계실 줄 압니다. 그래서 무덤 얘기는 그만 닫겠습니다만, 그래도 그렇게 된 까닭은 밝혀 두고 넘어가야겠습니다. 실은 내가 오랫동안 우리나라의 기복사상에 관한 생각에 잠겨 볼수록 한국의 묘지 문화처럼 그를 가시적으로 잘 표현해 주는 상징 사례도

혼치 않겠다고 생각하기에 이르렀던 것입니다. 우리의 묘지 문화에 나타난 한국적 기복사상, 앞으로 그러한 것들을 살펴보자는 것이 바로 이 담론의 주제가 되겠습니다.

# 3

# 책, 인쇄, 출판문화

기왕에 스스로 없는 것을 찾는 사람이라 자처하고 나섰으니 그동안 찾아낸 없는 것을 하나쯤은 더 꺼내 뵈어야 체면을 세울 수가 있을 것 같습니다. 그렇게 하겠습니다.

잘들 아시다시피 우리나라는 오랜 인쇄 문화의 전통을 세계에 자랑하고 있습니다 일반적으로 초기 인쇄 기술은, 그리고 특히 금속활자의 주조 기술은 최근년의 뜻하지 않은 발견, 발굴로 해서 한반도의 그것이 상당한 수준에서 세계를 선구하고 있다는 사실이 국제적으로도 공인되었습니다. 1966년 불국사의 석가탑에서 나온 세계 최고最古의 인쇄 권자卷子 '무구정광대다라니경'無垢淨光大陀羅尼經이 그 하나고, 1972년 프랑스의 소르본대학이 유네스코의 전시회에 내놓은 고려 시대(1377년 인쇄)의 금속활자본, 속칭 직지심경佛祖直指心體要節이 다른 하나입니다.

　다른 한편에서 볼 때 서양에서 인쇄의 역사는 곧 인쇄 통제의 역사였다고 해도 좋을 줄 압니다. 서양의 언론 탄압은 바로 인쇄 출판의 통제press control에서부터 시작됐으며, 초창기 언론의 자유를 위한 투쟁은 곧 인쇄 출판의 자유press freedom를 위한 투쟁이었습니다. 문제가됐던 최초의 언론press은 곧 인쇄 출판press이었던 것입니다.

　중국에서 아랍 상인의 손을 거쳐 이미 8세기경에 건너간 제지 기술이 유럽 여러 나라에 보급되기까지는 400년 가까운 세월이 지체됐습니다만, 독일의 마인츠에서 요하네스 구텐베르크가 개발한 인쇄 기술, 이른바 검은 기술Schwarze Kunst이라 일컫던 활판인쇄 기술은 불과 50년 만에 유럽의 크고 작은 1000여 도시에 폭발적으로 확산돼 갔습니다. 그래서 1450년부터 1500년까지의 불과 50년 동안 유럽에서는이미 3만 5000종의 책이 인쇄됐고, 그 총 발행 부수는 무려 1000만 권을 헤아렸다는 기록도 있습니다.[2]

　말하자면 자본주의적인 상품의 대량 생산, 대량 유통에 앞서 먼저책이라고 하는 정신적인 소산의 대량 생산, 대량 유통이 선행했던 것입니다. 책에 담긴 사상이 기존 체제의 질서와 권위를 존중하는 것이라면 인쇄 기술 개발에 의한 사상의 대량 보급은 바람직한 일이라 하겠습니다. 그러나 책에 담긴 내용이 기존 체제를 위협하는 불온한 사상이라면 그걸 가만히 보고만 있을 수는 없는 일입니다.

　그래서 그에 대한 조치로 유럽에서는 가령 인쇄기의 설치 장소와 인쇄인의 수를 제한하는 인쇄 조례條例를 제정하고 인쇄되는 모든 책은 사전 검열을 받도록 규정했습니다. 그럼에도 불구하고 쏟아져 나오는 책의 불온한 내용을 사후 문책하고 또한 책의 비밀 출판을 방지하기 위해서 모든 책에는 저자와 발행자의 이름, 발행 장소와 발행 연월일을 밝히는 판권장Impessum을 명시하도록 강요하게 됩니다. 그러고도 불온한 책의 유통을 단속할 수 없게 되자 유럽의 왕실 정부와 가톨릭교회는 저마다 금서 목록index librorum prohibitorum을 작성해서 발표하곤 했습니다. 책을 찍어 내는 것을 막지 못하자 책을 읽는 것을 막아 보자는 시도였다고 하겠습니다. 책의 역사는 검열의 역사요, 책의 출판에 대한 통제와 탄압의 역사라고 해서 과언이 아니라 할 것입니다.

여기에서 나는 또 하나 없는 것을 찾게 됩니다. 무슨 말이냐 하면, 우리나라는 일찍부터 인쇄press 기술의 선진국이었음에도 불구하고 우리에겐 유럽의 역사에서 흔히 보는 것과 같은 체계적인 언론press 탄압의 사례가 눈에 띄지 않는다는 사실입니다.*

물론 조선조 초의 태종太宗 대에 고려 역대 사적과 예언서 비슷한 참서讖書를 불태우고, 성종成宗 대에 사초史草를 불태우고, 연산군이 한글 서적을 불태운 일은 있었습니다. 18세기 이후에는 천주교에 대한 탄

---

* 위에 적은 영어 낱말에서 보듯 최초의 언론 수단은 인쇄(press)였으며, 최초의 언론 탄압(press control)은 곧 인쇄에 대한 통제였습니다.

압과 함께 서학서西學書를 불태우고 그의 소장을 금지한 일이 있었습니다. 그 밖에 조선 시대의 금서로는 『정감록』과 『홍길동전』이 있었습니다. 그것은 나도 알고 있고 또 널리 알려져 있습니다. 그러나 유럽에서와 같은 거듭된 금서 목록Index 작성이나 사전 검열 실시 혹은 판권장의 강요나 인쇄 시설의 제한 조례와 같은 체계적이요 제도적인 출판 탄압 사례는 우리에겐 알려지지 않고 있는 것 같습니다.

정말 없어서 알려지지 않고 있는 것인지, 아니면 내 공부가 모자라서 있어도 알지 못할 뿐인지는 이 분야 전문가들의 가르치심을 빌어 마지않습니다. 이 문제는 그야말로 내 얘기의 주제인 기복사상과는 아무런 연관도 없는 곁가지라고 꾸중하실지도 모르겠습니다. 하지만 뒤에 가서 기복사상의 한 대목으로 한국적인 귀貴의 문제를 다루게 되면 다소 참고가 될 듯해서 미리 언급해 본 것입니다.

그러나 도대체 한국의 기복사상이 무엇이기에, 기복사상을 무엇이라고 생각하기에 혼자서 일방적으로 엉뚱한 얘기를 꺼내 보이면서 뭐가 있다 없다 하는 장광설만 늘어놓는단 말이냐, 이렇게 항의하실 분이 많으실 줄 믿습니다. 당연한 항의라 할 것입니다. 더 이상 늦기 전에 이젠 기복사상이 무엇인지, 도대체 한국인이 생각하는 복福이 무엇인지를 따져 봐야 되겠습니다.

복이란 무엇인가. 나는 그걸 알아보기로 한 것이니 이제 슬슬 본론으로 들어가 복이 도대체 무엇인지를 알아봐야겠습니다.

주

1 우리말로도 번역서가 나와 있고 널리 읽히는 책들을 몇 권 들어 보면, 예컨대 루스 베네
  딕트(Ruth Benedict)의 『국화와 칼』(The chrysanthemum and the sword:
  Patterns of Japanese culture), 나카네 지에(中根千枝)의 『일본 사회의 인간관계』(タ
  テ社會の人間關係·單一社會の理論), 도이 다케오(土居健郎)의 『아마에의 구조』(甘え
  の構造), 이어령의 『축소지향의 일본인』 등이 있다.
2 Harry Pross, Moral der Massenmedien, Prolegomena zu einer Theorie der
  Publizistik, Kiepenheuer & Witsch, Köln u. Berlin, 1967, 87~88쪽.

# 2장

# 복(福)이란 무엇인가

"정치의 목표는 무엇인가? 사람들이 이룩할 수 있는 모든 선善 가운데서 최고의 것은 무엇인가? 이에 대한 대답에서는 거의 모든 사람들이 일치하고 있다. 즉 보통 사람들이나 뛰어난 사람들이나 다 같이 '행복'이라고 대답하는 것이다."

아리스토텔레스[1]

# 복(福)이란 무엇인가

복이 무엇입니까. 글쎄 이렇게 정색을 하고 고쳐 물으면 누구나 금방 이거라고 대답하기는 어렵겠지요. 하지만 한국 사람이라면 아무도 복이 무엇인지 전혀 모른다고 잡아뗄 수는 없겠습니다.

나는 여기에서 아무래도 내가 복을 생각하게 된 배경을 얘기하지 않을 수가 없습니다. 다시 사사로운 얘기가 되어 송구스럽습니다만, 내가 '복'이나 '행복'의 문제에 대해서 처음 눈을 뜨고 처음으로 그걸 생각해 보게 된 상황에 대해서 좀 말씀을 드려야겠습니다. 나는 1950년대 초 대학 입학을 전후해 스무 살 고개를 넘으면서 처음 이 문제를 골똘하게 생각하기 시작했습니다. 50여 년 전의 옛날입니다.

1950년대 초라면 우리가 전쟁을 치르고 있을 때였습니다. 우리는

당시 복이나 행복 따위에 관해서는 생각해 볼 기력마저 잃어버렸다고
나 할 불행한 시대를 살고 있었습니다. 때는 바야흐로 모든 사람이 언
제 어디서나 죽을 수도 있고 또 죽기도 했던 전쟁 중이었습니다. 수많
은 사람들이 하루아침에 생활의 기반을 잃어버리고 추위와 굶주림의
위험 앞에 내던져진 갈급한 때였습니다.

6·25 전쟁 — 우리는 그 전란 속에서 평화로운 평상시에는 제법 거
드름을 피울 수 있던 허황된 논의나 명분 따위는 전쟁판의 적나라한
삶의 현장에서 물거품처럼 헤프게 사라져 버린다는 것을 목격했습니
다. 진眞이다, 선善이다, 미美다… 또는 철학이다, 윤리 도덕이다… 심
지어 조국이다, 동포애다 하는 것들까지도 모두 다 저 멀리에서 공허
한 메아리를 울리고 있는 삶의 '한계 상황' — 그 상황은 사람들의 사
색에서 평상시 같으면 얼마든지 마음속에 만연될 수 있는 여러 가지
환상을 씻어 내 버리고 그런 만큼은 싫든 좋든 간에 사람들을 '리얼리
스트'가 되게 해 주었던 것입니다. 그러한 전쟁 체험 속에서 행복에 관
한 사색에 눈을 떴다는 것이 행복한 일인지 불행한 일인지는 알 수 없
습니다. 우리는 그때 삶의 알몸을 부끄러움 없이 드러내고 있는 실존
의 세계를 체험한 것입니다.

삶의 알몸을 본다는 것은 다른 말이 아닙니다. 삶의 가장 거짓 없는
본연의 모습, 가장 거짓 없는 본연의 욕구, 가장 거짓 없는 본연의 소
망을 본다는 것입니다. 거짓 없는 본연의 그것이 도대체 무엇입니까.
나는 그것을 모든 한국 사람에게 일관하고 있는 '복을 비는 마음'이라

생각한 것입니다.

그러나 찬찬히 생각해 보면 복을 비는 한국 사람들의 마음의 진실이란 어디 농짝 깊숙이 숨어 있다가 난리 통에 피난 짐 보따리를 꾸릴 때 갑자기 햇빛 속에 드러난 것은 아님을 알 수 있습니다. 아닙니다. 복을 비는 한국 사람들의 마음은 그것을 보여주는 물증들이 우리 주변에 너무나도 흔하게, 그리고 너무나도 가까이 널려 있기 때문에 오히려 우리는 그것을 보지 못하고 있었을 뿐입니다. 우리는 흔히 먼 것은 볼 수 있어도 너무 가까이 있는 것은 보지 않은 채 잊어버리곤 하고 있습니다.

이렇게 보면 우리들 대부분의 한국 사람은 스스로 의식하든 의식하지 않든 간에 지체 높은 사람이나 낮은 사람이나, 돈이 많은 사람이나 적은 사람이나, 또는 많이 배운 사람이나 못 배운 사람이나 가릴 것 없이 누구나 복을 빌면서 살아왔고 살고 있다고 할 수 있겠습니다. 세상이 시끄러울 때도 조용할 때도 복을 비는 마음에선 변함이 없고, 옛날이나 오늘이나 크게 다를 것이 없는 것 같습니다. 절에 가서 비는 것도 복이요, 예배당에 가서 비는 것도 복이요,* 냉수를 떠 놓고 산신령에

---

* 우리나라 교회의 부흥회가 신앙 세계의 각성을 촉구하는 모임이라 하기보다는 "복 주고 복 받는 기복(祈福)의 자리로 전락하고 있다"는 문제점에 대해서는 이미 오래전부터 교회 내부에서도 많은 비판이 있었고, 이는 잘 알려진 사실이다. 크리스천 아카데미에서도 과거에 이 문제에 대해서 『한국교회 성령운동의 현상과 구조』(1981)라는 책자를 발간한 일이 있었고, 하해룡(河海龍) 목사는 이 주제('한국 기독교의 과거와 현재에 있어서의 부흥사의 신학과 실제. 오늘의 목회적 적용에 대한 연구')로 미국 샌프란시스코 신학대학에서 학위 논문을 쓴 것으로 알려지고 있다.(『조선일보』, 1982. 1. 22)

게 비는 것도 복입니다.

비록 한국 사람들이 실제로 복을 받고 태어나서 복을 누리며 살고 간다고는 할 수 없다고 하더라도 대부분의 한국 사람들은 부모와 친족들이 복을 비는 가운데 태어나서 주위의 복을 비는 마음속에서 자라나 복을 비는 뭇 상징 속에 둘러싸여 스스로 복을 빌며 살다가 다시 주변에서 (명)복을 비는 가운데 죽어 간다고 할 수 있겠습니다.

우리가 그걸 의식하고 있건 아니건 간에 복을 비는 마음은 한국 사람의 삶을 그 밑바탕에서 움직이는 기본 동인動因이요 그럼으로 해서 그것은 또한 한국 문화의 한 본바탕을 이루고 있다고 해서 잘못이 아닌 줄 압니다. 그렇다면 더욱 그 복이 무엇인지 궁금하지 않을 수 없습니다.

복이 도대체 무엇입니까.

그건 이미 얘기한 것처럼 우리 주변에 너무 가까이 있습니다. 우리는 스스로 평소에 복이란 말을 빈번이 써 왔고 쓰고 있습니다. 복이란 말을 자주 들어왔고 듣고 있습니다. 뿐만 아니라 또 복과 관련된 수많은 여러 상징象徵 속에 둘러싸여 살고 있는 것이 한국인의 삶의 현실입니다. 복이란 말은 우리들의 일상적인 언어생활 속에도 널리 그리고 깊이 뿌리내리고 있습니다.

# I

# 복이란 말의 쓰임새

우선 '복'이란 말의 쓰임새를 보면 낱말로서의 복은 '복이 있다', '복이 찾아온다', '복이 달아난다'의 경우처럼 주어主語로도 쓰입니다. 하지만 그보다는 '복을 빈다', '복을 받는다', '복을 누린다', '복을 타고난다', '복을 심는다', '복을 기른다', '복을 아낀다' 하는 등 객어客語로 쓰는 경우가 더 많이 눈에 띕니다. 그 밖에도 '복스럽게 생겼다', '복되다', '복 있는' 혹은 '복 없는' 등과 같은 수식 형용구로도 복이란 말을 쓰고 있습니다.

복이란 글자가 들어간 한자의 숙어는 헤아릴 수 없이 많습니다. 너무 많아서 그를 다 들 수는 없지만 얼른 눈에 띄는 것만도 다음과 같은 따위가 있습니다.

福祉복지, 福祚복조, 福樂복락, 福力복력(복을 누리는 힘), 福分복분(복스러운 운수), 福相복상(복스럽게 새긴 상), 福數복수(복스러운 운수) 또는 福運복운, 福人복인이나 福者복자, 그 밖에 福僧복승, 福將복장, 福音복음 등등.

이상은 복福 자가 머리에 오는 경우이고, 그 다음 복 자가 나중에 오는 숙어들의 보기를 든다면 바로 복을 동사의 객어客語로 삼은 祈福기복, 發福발복, 祝福축복, 惜福석복, 飮福음복 따위 등이 있고, 다른 한편으론 복을 수식 형용하는 萬福만복, 小福소복, 薄福박복, 至福지복, 淸福청복 등의 숙어도 있습니다.

한편 복과 같이 붙어 다니는 개념으로서 두 자가 흔히 붙어 다니는 壽福수복, 福祿복록, 福德복덕, 禍福화복 등의 복합어도 있습니다.

일상적인 언어생활에서 복이란 말의 실용례를 들어 보면 신년 정초에 "새해 복 많이 받으세요"라고 하는 인사말, 그리고 편지를 끝맺을 때 "댁내에 큰 복이 내리시기를 축원합니다"라고 하는 따위가 흔히 눈에 띄는 보기입니다.

그 밖에도 좋은 일을 하면 "복이 돌아온다"고 말하고, 궂은일을 하면 "복이 달아난다"고 하는 말도 자주 듣습니다.

서양 문물을 받아들인 개화기 이후에도 복음福音, 복지福地와 같은 번역어들을 만들어 냈고, 복지福祉 사회와 같은 개념도 널리 쓰이고 있습니다. 일반 서민 생활에서는 복덕방福德房 출입이 잦은 '복부인'이란 말이 1970년대 이후 유행하더니 1980년대부터는 주택 복권, 올림픽 복첨福籤 등의 말도 일상용어 속에 자리 잡았습니다.

한국인의 전통적인 의·식·주 생활에 있어 복의 갖가지 조형적인 상징은 복福이란 글자 및 복과 관련된 길상吉祥 문자와 함께 우리 생활 주변의 도처에 숱하게 널려 있어서 그를 일일이 들춰 보는 일은 그만 두겠습니다. 그뿐만 아니라 복을 비는 마음은 한국인이 지은 여러 이름인 인명(복동, 만복, 수복, 현복, 복실, 복희, 복녀, 복순 등), 지명 (복바위, 아들바위, 복고개, 복고치, 복샘, 장수샘 등) 들에서 찾아볼 수 있겠고, 그 밖에 가게 이름, 암자 이름 등에서도 역시 복 자가 든 경우를 자주 만나게 됩니다.

전통 사회의 문학 작품에는 궁중 문학이나 서민 문학에 다 같이 복이란 말이 자주 등장합니다만, 그 구체적인 보기는 뒤에 가서 자주 인용될 것이기 때문에 여기서는 생략하겠습니다.

2

# 복과 행복

'복'이란 말은 물론 요즈음 자주 쓰는 '행복'이란 말과 전혀 무관하지는 않습니다. '복'이란 말이 근대화 이전의 전통 사회에서 오래전부터 써 내려온 말인 데 비해 '행복'이란 말은 개화 이후에 등장한 근대어近代語인 것 같습니다.

우리나라의 옛 문헌들을 뒤져 봐도 '행'·'불행'이란 말은 쉽게 눈에 띄고, '유복'·'박복'이란 말의 쓰임새도 자주 보입니다. 그러나 '행복'이란 말은 좀체 만나게 되지를 않습니다. 일본에서 나온 사전〔무로하시 데쓰지諸橋轍次의 『다이캉와지텐』大漢和辭典〕을 뒤져 보면 '幸福'이란 한자 숙어는 중국의 고전에서도 찾아볼 수 없고 메이지유신 이전의 일본에도 없던 것으로 보입니다.

그래서 '행복'이란 말에서는 어딘지 개화풍의, 신식의, 청춘 문화의, 아스팔트와 커피 향기의 냄새가 난다고 한다면, 그에 비해 '복'이란 말에서는 전통적인, 구식의, 할머니네들의, 안방의, 된장국의 냄새가 나는 것 같기도 합니다. 젊은이들은 행복을 얘기하고 늙은이들은 복을 빕니다. 행복을 얘기한다는 것이 늙은이들에게는 남우세스럽게 여겨지는 것이라면, 복을 빈다는 것은 젊은이들에겐 고리타분한 일로 여겨질 수도 있습니다. 그러고 보면 우리에게는 행복관幸福觀에서도 어떤 세대간의 격차 혹은 세대간의 단절 같은 것이 있는 것처럼 보입니다.

그렇다면 이제부터 본격적으로 복이 무엇인지, 무엇을 우리는 복이라 생각하고 있는지를 따져 봐야겠습니다. 그를 위해서 먼저 다시 한번 우리들의 '복' 개념을 '행복'의 개념과 견주며 생각해 보겠습니다.

서양에서의 행복론의 역사를 서술한 마르쿠제Ludwig Marcuse는 이미 2000년 전의 로마 시대에 행복에 관한 288개의 상이한 학설이 있었다는 고대의 석학 바로Marcus Terrentius Varro의 얘기를 인용하고 있습니다. 그렇기에 사람들이 "행복은……" 하고 입을 열 때엔 본인이 그를 의식하든 안 하든 간에 실은 언제나 "나의 행복은……" 무엇인가를 털어놓는 것이 예사요, 결국 행복에 관한 뭇 정의定義들이란 약간의 망언이거나 아니면 거창한 신앙 고백에 불과하다고 마르쿠제는 적고 있습니다.[2] 행복의 개념이 얼마나 주관적인 것인가 하는 것을 밝혀주는 지적입니다.

고대 로마의 옛날만이 아닙니다. 서양에서 행복에 관한 소망의 변천은 그 뒤 2000년 동안 사람들의 물질적 욕구를 충족시켜 주는 여러 형태의 유토피아를 꾸며 내 놓았고, 다시 그를 넘어 시詩적인, 철학적인, 미학적인, 말하자면 '탈脫물질주의적'인 갖가지 유토피아도 낳아 놓았다고 슈테른베르거Dolf Sternberger는 말하고 있습니다. 그래서 서양사에서 행복의 추구는 예컨대 모든 죄罪가 궁극적으로 사면되고 죽음도 사라지는 '영원한 삶'이라고 하는 신성(인간＝신)의 세계를, 또는 화사하게 물장난을 치는 수중의 인어人魚나 블론드의 야수 켄타우로스와 같은 동물성(인간＝동물)의 세계를, 혹은 유겐트슈틸Jugendstil이나 아르누보arts nouveau의 화가들이 곧잘 그리는 골풀, 넝쿨, 수련들처럼 모든 의무, 책임, 법칙, 심지어는 정신으로부터조차도 해방되어 버린 식물성(인간＝식물)의 세계 등을 꿈꾸어 왔다는 것을 그려 보여 주고 있습니다.[3]

# 3

# 복의 한국적 표상과 네 눈

　서양에서의 행복의 표상이 저처럼 다양하고 그 개념이 또한 다의적 多義的이고 주관적인 데 비해 한국인의 복에 관한 표상은 비교적 단순하고 뚜렷하고 일정한 외연外延을 갖는다는 것이 우선 눈에 띄는 특징이지 않을까 생각됩니다.

　전통적인 복의 표상으로 널리 알려지고 있는 것이 장수를 누림〔壽〕, 가멸함〔富〕, 건강하고 마음 편안함〔康寧〕, 심성의 후덕함〔攸好德〕, 임종을 성취함〔考終命〕의 다섯 가지를 든 중국의 『서경』書經에 나오는 '오복'입니다. 그 밖에도 수·부·무병·식재息災·도덕을 오복이라 하는 설, 또는 수·부·귀貴·강녕·다남多男을 오복이라 하는 설 등 오복론 자체에도 다소 변주가 있는 듯싶고,[4] 근래에 와서는 이빨이 튼튼한 것도, 아내를 잘 만나는 것도 오복으로 친다고 오복론의 '타락'을 개탄하는

소리까지 나오고 있습니다.[5]

   그러나 이와 같이 오복론을 둘러싼 문헌 고증상의 정설이 무엇이냐
하는 것과 한국인이 일반적으로 지니고 있는 복에 관한 표상이 무엇
이냐 하는 것과는 반드시 일치하지도 않을 뿐만 아니라 또 일치할 필
요도 없다고 할 것입니다. 대부분의 한국인에게 있어서 ― 그것은 모
든 다른 나라 사람들의 경우도 마찬가지겠지만 ― 복은 학문적인 논
구의 대상이 아니라 일상적인 삶의 소망이기 때문입니다. 그것은 이
론적인 문제가 아니라 실천적인 문제입니다. 사람들은 복의 정의에
관한 학문적인 정설이 나올 때까지 기다렸다가 정설이 나오면 그때부
터 그를 지침으로 삼아 복을 찾으러 또는 복을 빌러 나서는 것은 아닙
니다. 사람들은 그런 것과는 아랑곳 없이 혹은 그런 것에 앞서 이미 저
마다의 마음속에서 의식, 무의식 중에 간직하고 있는 스스로의 표상
에 따라 복을 빌고 있는 것입니다.

   가령 해가 바뀌고 설빔을 곱게 차려입은 정초가 되면 우리들은 누
구나 "새해 복 많이 받으십시오"라고 인사를 합니다. 새해를 맞아 모
든 사람들이 서로 복을 빈다는 것은 이론이나 연구에 앞서는 우리들
의 행동이요 현실이요 관습입니다. 우리나라 풍습에 복은 새해가 되
면 사람들이 주고받는 인사말의 자연스런 제1 주제입니다. 그 인사말
에 대답하는 것을 보면 우리는 또 우리가 생각하는 복의 더 구체적인
표상도 알아볼 수 있는 실마리를 얻게 될 것 같습니다.

   가령 『동국세시기』東國歲時記의 정월 원일元日에 관한 대목을 보면 이
런 구절이 눈에 띕니다.

"연소한 친구를 만나면 '올해는 꼭 과거에 합격하시오', '부디 승진하시오', '생남生男하시오', '돈을 많이 버시오' 하는 등의 말을 한다. 서로 축하하는 말이다"逢親舊年少 以登科 進官 生男 獲財 等語 爲德談 以相賀.[6]

한편 『열양세시기』洌陽歲時記에도 정초에 아는 사람을 만나 남이 바라는 바를 하례하는 덕담의 보기로 '아들을 낳으시라', '승진하시라', '병환이 꼭 낳으시라', '돈을 많이 벌라' 등을 들고 있습니다擧吉慶事 以相賀 加添丁進祿 除憂病 獲錢糧之類.[7]

따라서 '유호덕'攸好德이나 '고종명'考終命과 같은 어려운 문자 속은 못 알아보는 사람들도, 심지어는 수壽·부富·강녕康寧의 한자漢字조차 모르는 사람들도 포함해서 한국인이라면 누구나 지녀 왔고 지니고 있는 복의 표상, 바로 한국인의 현실적인 생활 세계에서 빚어진 복의 표상이 여기에서는 밝혀져야 할 것입니다. 그를 위해서는 한국인의 생활사에서 빚어진 어문학의 여러 유산을 파헤쳐 보는 것도 하나의 방편이 될 것입니다.

사실 우리나라의 고전 문학 작품을 들추어 보면 궁중 문학이나 서민 문학에 다 같이 복이란 말이 무척이나 많이 등장합니다. 우선 한글 창제 후 처음으로 나라에서 편찬해 우리말 노래를 실은 〈용비어천가〉의 제1장이 "해동 육룡이 ᄂᆞᄅᆞ샤 일마다 천복天福이시니"[8]라는 말로 시작되고 있습니다.

조선조의 궁정 기사記事 작품인 『한중록』에도 복이란 말의 쓰임새는 매우 빈번합니다. 가령 혜경궁 홍씨가 처음 궐내에 들어가 인원仁元왕후를 뵐 때 "아름답고 극진하니 나라의 복이라"[9]고 왕후가 칭찬한 말이랄지, 세자빈으로 책빈된 홍씨에게 친정 부친이 궁중에 들어가면 "……말씀을 더욱 삼가서 가국家國의 복을 닦으소서"라고[10] 타이르는 말 등입니다. 그 밖에도 광해군 시대에 인목仁穆대비의 나인이 지은 것으로 알려진 『계축일기』癸丑日記의 "……다행히 그 난에서 벗어나셔서 복이 있으신가 보더라"[11]라든가, 숙종 시대의 민비 폐비 사건을 서술한 『인현왕후전』의 "국모는 만민의 복이라……"[12] 등 복이란 말의 어용이 자주 눈에 띕니다.

궁궐 안에서도 복을 비는 마음은 여느 여염집 사람들과 다를 바가 없었던 모양입니다. 벼슬이 대제학, 판서에 이르렀던 조선 숙종조의 양반 문인 김만중金萬重이 쓴 소설에도 "한림상공은 오복五福이 구비한 상이요",[13] "이러므로 착한 사람은 복을 받고……" 하는 따위의 말투들이 얼마든지 눈에 띕니다.

궁중 문학, 양반 문학에서 보는 복이란 말의 어용이 다분히 관념적·추상적인 것이라고 한다면 우리나라의 평민 문학, 그중에서도 가장 서민적인 민중 문학이라고 할 수 있는 판소리 사설에서 그려 주는 복의 표상은 훨씬 감각적이고 구체적입니다. 특히 판소리 작품의 줄거리가 '해피엔딩'으로 끝날 때 주인공들이 누리게 된다고 늘어놓는 복의 묘사는 우리나라 전통 사회에서 일반 서민이 소망하던 복의 명세明細를 가시화해 주는 것 같아 흥미롭습니다. 예를 들어 보면,

……이때 이판, 호판, 좌우 영상을 다 지내고, 퇴사 후 정렬부인으로 더불어 백 년 동락할 새 정렬부인에게 삼남 이녀를 두었으니, 개개個個이 총명하여 그 부친을 압두壓頭하고 계계승승하여 직거 일품職居一品으로 만세 유전하더라.[14]

……내외는 부귀다남하여 향수享壽를 팔십하고 자손이 번성하여 개개 옥수경지 같아서 자산이 대대로 풍족하니……[15]

등입니다.

높은 벼슬〔貴〕, 백년해로〔壽〕, 똑똑한 많은 자식〔子息福〕이 『춘향전』의 끝 대목이 노래하는 복의 내용이라면, 부·귀·다남·수·공명이 『흥부전』의 해피엔딩에서 구가하고 있는 복의 명세입니다.

어떤 의미에선 복이란 누리고 있을 때보다는 누리지 못하고 있을 때 그를 목마르게 그리는 아쉬움 속에 그 표상이 훨씬 선명한 모습으로 부각된다고 볼 수 있습니다. 판소리 사설 가운데 나타나는 여러 가지 복을 비는 축원문 내용은 그 점에서 사람들의 마음속 깊이 간직한 복의 구체적인 표상을 실토해 주는 소재로 이해될 수 있겠습니다. 예를 들어 봅니다.

애고 답답 설움이라, 이 노릇을 어이할꼬. 어떤 사람 팔자 좋아 대광보국숭록대부, 삼공육경 되어 있어 고대광실 좋은 집에 부귀공명富貴功名 누리면서 금의옥식錦衣玉食 쌓여 있고……[16]

박타기 복이 쏟아지기 전에 천덕꾸러기 흥부가 한 넋두리입니다. 박복한 흥부의, 말하자면 복의 '네거티브 리스트'에 올라 있는 것이 '귀'(대광보국숭록대부, 삼공육경) 그리고 '부'(고대광실 좋은 집에 금의옥식)임을 알 수 있습니다. 축원문은 특히 『심청전』에 그 보기가 많습니다.

다만 독녀獨女 딸이라도 오복을 점지하여 동방삭의 명을 주고, 석숭 石崇의 복을 내려 대순증자大舜曾子 효행이며, 반희班姬의 재질이며, 수복을 고로 태여 외 붙듯 가지 붙듯, 잔병 없이 잘 가꾸어 일취월장시킵소서.[17]

심 봉사가 딸을 얻고 첫 국밥을 지어 삼신 앞에 비는 말입니다.

소녀 아비 허물일랑 이 몸으로 대신하고 아비 눈을 밝게 하여 천생연분 짝을 만나 오복을 갖게 주어 수복다남자壽福多男子를 점지하여 주옵소서.[18]

심청이 인당수로 가기 전 황토단에 정화수 한 동이를 떠 놓고 축원하는 말입니다.

심 낭자 장한 효성 세상에 나가서서 부귀영화를 만세나 누리소서.[19]

심청과 작별하면서 용왕, 각 궁 시녀, 팔선녀가 차례로 축원하는 말

입니다. 이러한 축원문들에는 다 같이 '수'(동방삭의 명, 영화를 만세나……),
'부'(치부한 석숭石崇의 복), '귀'(부귀영화), '강녕'(외 붙듯 가지 붙듯 잔병 없이 잘
자라……), '다남자' 등이 역시 복의 표상으로 거듭 되풀이되고 있음을
보게 됩니다.

한편 양반 관료로서 조선 시대 국문학의 대표적 작가로 손꼽히는
김만중의 한글 소설 『구운몽』을 보면, 이른바 사대부 계급에서도 복
을 비는 마음과 그 복에 관한 표상은 평민 계급의 그것에서 그리 동떨
어져 있지 않다는 것을 알 수 있습니다. 작품의 주인공인 성진性眞은
어느 날 팔선녀를 만나 불가佛家의 적막함을 느끼면서 유가儒家의 부귀
공명을 흠모하게 됩니다. 그 결과 번뇌와 망상으로 잠 못 이뤄 하다가
문득 생각이 나서 다음과 같이 독백하고 있습니다.

남아男兒 세상에 나 어려서 공맹孔孟의 글을 읽고 자라 요순堯舜 같은
임금을 만나 나면 장수將帥 되고 들면 정승政丞이 되어 비단옷을 입고
옥대玉帶를 띠고 옥궐玉闕에 조회朝會하고 눈에 고운 빛을 보고 귀에 좋
은 소리를 듣고 은택恩澤이 백성에게 미치고 공명이 후세에 드리움이
또한 대장부의 일이라. 우리 부처의 법문法門은 한 바리 밥과 한 병 물
과 두어 권 경문經文과 일백여덟 날 염주뿐이라. 도덕이 비록 높고 아
름다우나 적막하기 심하도다.[20]

이렇게 생각을 고쳐먹은 성진은 마침내 양소유楊少遊란 이름으로 환
생해서 그의 나이 열여덟이 되자 집을 떠나 팔선녀의 환생幻生인 여덟

미녀와 차례로 인연을 맺습니다. 벼슬은 대승상大丞相 위국공魏國公에 올라 인생의 부귀영화를 마음껏 누립니다. 그러다가 마지막에 그 모든 것이 일장춘몽에 지나지 않는다는 대오大悟를 얻고 더욱 불도에 힘써 극락세계에 간다는 것이 소설의 줄거리입니다. 따라서 이 작품에서는 이승의 복을 허망한 꿈과 같은 것이라 얕잡아 두고는 있으나, 그렇다고 해서 그 복의 명세를 주워섬기는 데는 조금도 소홀함이 없는 것이 재미있습니다.

결국 한국인에게는 양반, 상민을 가릴 것 없이 전통적으로 이어져 내려온 가장 보편적인 행복관, 곧 복의 표상이란 다른 것이 아닙니다. 예나 지금이나 한국인은 돈이 많고 높은 벼슬을 하고 자식을 많이 두고 오래오래 사는 것을 복으로 여겨 왔던 것입니다. 예전에 베갯모 같은 데에 흔히 수를 놓았던 여섯 글자 수壽·부富·귀貴·다남자多男子가 곧 그것입니다.

복에 관한 표상의 그 네 눈을 다음에 살펴보기로 하겠습니다.

주

1 Aristoteles, Ethicas Nichomacea. 독역판 Nichomachische Ethik übers. v.
   Franz Dirlmeier, Darmstadt 1964 (Aristoteles Werke 6) 1095a, 15-20.

2 Marcuse, Ludwig, Philosophie des Gluecks, Von Hiob bid Freud, Diogenes
   Verlag, ZUERICH, 1972, 20~23쪽.

3 Sternberger, Dolf, Wandlungen des Gluecksanspruchs in der Neuzeit, In:
   Kundler, Herbert(hrsg), Anatomie des Gluecks, Kiepenheuer & Kitsch, Köln,
   1971, 23~31쪽.

4 趙子庸, 世界 속의 韓民畵, 『民畵傑作展 圖錄』, 호암미술관, 1983, 117쪽.

5 金東里, 「五福論」, 朝鮮日報, 1982. 6. 15.

6 洪錫謨, 『東國歲時記』(李錫浩 譯, 韓國名著大全集), 서울: 大洋書籍, 1975, 8쪽.

7 金邁淳, 『洌陽歲時記』(李錫浩 譯, 같은 全集), 117쪽.

8 『龍飛御天歌』, 乙酉文化社, 1975, 41쪽.

9 李秉岐·金東旭 校注, 『한듕록; 閑中漫錄』(韓國古典文學全集 6), 普成文化社, 1978, 31
   쪽.

10 같은 책, 37쪽.

11 『癸丑日記』(韓國古典文學大全集 4권), 世宗出版公社, 1970, 176쪽.

12 『仁顯王后傳』(같은 全集), 236쪽.

13 『謝氏南征記』(같은 全集 5권), 53쪽.

14 具滋均 校注, 『春香傳』(韓國古典文學大系 10권), 民衆書館, 1971, 214~215쪽.

15 『興夫傳』(韓國古典文學大全集 1권), 世宗出版公社, 280쪽.

16 같은 책, 240쪽.

17 『沈淸傳』(같은 全集), 201쪽.

18 같은 책, 213쪽.

**19** 같은 책, 227쪽.

**20** 鄭炳昱·李承旭 校注, 『九雲夢』(韓國古典文學全集 4), 普成文化社, 1978, 13~15쪽.

# 3장

# 수(壽)사상의 현세긍정주의

"……그뿐만 아니라 이젠 이 말도 좀 우리에게 틀림이 없는 말인지 생각해 보게나. 우리가
가장 중요시해야 할 것은 그냥 '사는 것'이 아니라 '훌륭하게 사는 것'이란 말이……."

소크라테스[1]

# 수(壽)사상의 현세긍정주의

목숨이란 일고 지는 바다의 잔물결처럼 흔하고 헤픈 것인지도 모릅니다. 그 목숨에 어떤 '뜻'이 있고 어떤 '값'이 있는 것인지……. 이러한 물음은 이 세상에 목숨을 얻은 모든 사람들이 저마다 한번쯤은 머리를 싸매고 생각해 보도록 괴롭혀 왔던 문제요, 그것은 또 인류의 역사가 낳은 비범한 인물들에게도 그들의 생애를 걸어 씨름하게 한 문제였다고 볼 수 있습니다.

삶이 비록 이처럼 무상하고 허망한 것이라고 하더라도 그러한 삶을 얻은 사람이 그런대로 이승에서 오래오래, 되도록 오래오래 목숨을 이어 가야겠다고 마음먹는다면, 그러한 장수를 바라는 마음은 그 나름으로 이 문제에 대한 하나의 답안을 내고 있다고 볼 수 있습니다. 거기에는 절대덕인 긍정과 절대적인 부정이 함의되어 있습니다. 모든 뜻과 값이 삶 속에 있다는 절대 긍정이요, 죽음에는 없다는 절대 부정입니다. 나는 그것을 우리나라의 복福 개념에서 첫 번째 눈이 되고 있는 수壽의 사상에서 읽어 보려 한 것입니다.

그렇습니다. 오래오래 산다는 것을 한국인은 복으로 여겨 왔습니다. 수는 그 자체가 삶의 성취요, '수복'壽福이란 말에서 보듯이 수 그 자체가 큰 복으로 받아들여졌던 것입니다. 그래서 한국인은 예순한 살 회갑이 되면 수연壽宴이라 해서 오랜 삶을 축하하는 큰 잔치를 베풀어 왔습니다. 그를 위해 오랜 삶을 축하하는 말〔壽詞〕, 오랜 삶을 축하하는 술〔壽酒〕, 오랜 삶을 축하하는 시〔壽宴詩〕가 있었습니다.

천세千歲를 누리소서 만세萬歲를 누리소서
무쇠 기둥에 꽃피어 여름이 이러 따 드리도록 누리소서
그 밧긔 억만세외億萬歲外에 또 만세萬歲를 누리소서[2]

만수산萬壽山 만수봉萬壽峯에 만수정萬壽井이 있더이다
그 물로 빚은 술을 만수주萬壽酒라고 하더이다
진실로 이 잔 곧 잡으시면 만수무강萬壽無疆하리라[3]

하는 따위입니다.

물론 수를 누린다는 것은 어디까지나 이 세상에서 오래도록 산다는 것입니다. 따라서 장수를 비는 마음은 영원히 죽지 않는 '영생'을 기원한다거나 저승에서 '무한'한 삶을 누린다는 생각과는 다릅니다. 수라고 하는 개념은 어디까지나 현세적인 개념, 상대적인 시간의 개념이요, 그것을 초월한 '영원'이나 '무한'의 개념과는 상관이 없습니다.

그것은 결국 오래오래, 되도록 오래오래 살고 나서는 죽는다는 뜻이지 죽음을 안 받아들이겠다는 것은 아닙니다. 장수를 빈다는 생각에는 처음부터 자명한 것으로서 죽음이 전제되고 있다고 할 수 있겠습니다.

중요한 것은 길게 살건 짧게 살건, 수요壽夭 간에 이승에서, 이 세상에서 살고 싶다는 뜻입니다. 그것을 더욱 따져 들어간다면, 이 세상은 지금 여기 있는 그대로 좋다고 하는 현세긍정주의, 차안此岸절대주의로 통한다고 볼 수 있습니다.

그래서 변학도에게 붙잡혀 옥방에서 장탄가를 부르는 춘향도 "······ 이런 일로 볼짝시면, 죄 없는 이 내 몸도, 살아나서 세상 구경 다시 할까, 답답하고 원통하다. 날 살릴 이 뉘 있을까······"[4] 하고 그 좋은 세상 구경 다시 못할까 원통해 하고 있습니다.

한편 그 사이 (암행)어사가 되어 전라도로 돌아오는 이도령이 임실 구홧돌 근처에 당도하다 보니 때가 마치 농사철입니다. 끼리끼리 튼실한 노인들이 밭을 일구는데, 그 속에서 들려오는 백발가白髮歌에도 이런 대목이 있습니다.

천금준마千金駿馬 잡아타고
장안대로長安大路 달리고저
만고강산 좋은 경개景槪

다시 한번 보고지고
절대가인絶代佳人 곁에 두고
백반교태百般嬌態 놀고지고
......5

　백발이 되도록 논밭이나 가는 촌로의 팔자에도 아침이면 꽃이 피고 저녁이면 달이 뜨는 이 좋은 세상에 오직 "눈 어둡고 귀가 막혀 볼 수 없고 들을 수 없어 할 수 없는 일"6만을 아쉬워하고 있을 뿐, 이 세상 좋은 곳, 다시 보고 다시 듣고 다시 하고 싶다는 뜻에는 다름이 없습니다.

# I

# "세상 곧 자연"의 무역사성

억만년 외에 또 만년이 흘러도 '만고강산 좋은 경개'가 언제나 거기 있고 그곳에서 절대가인과 '인생의 가장 즐거운 운우雲雨의 재미'7를 볼 수 있는 곳이 이 세상입니다. 이 세상에 있는 한 그 좋은 경치와 그 좋은 남녀의 재미야 어디로 가겠습니까. 그러고 보면 현세 긍정의 사상에는 이처럼 그 밑바탕에선 이 세상의 개념을 '자연'으로서의 세계로 파악하고 있다고 풀이해 볼 수 있습니다. 말하자면 무無역사성, 초超역사성으로서의 세계, 곧 자연입니다.

한국적인 복의 여러 눈 가운데서 수가 첫째로 꼽힌다는 것은, 수를 위해서는 여느 다른 것들은 희생이 되어도 감내할 수 있다는 뜻입니다. 그러한 생각이 우리나라의 여러 속담에도 드러나고 있습니다. 가령 "개똥밭에 굴러도 이승이 좋다", "땡감을 따 먹어도 이승이 좋다",

"거꾸로 매달아도 사는 세상이 낫다" 하는 따위들입니다.

무슨 일이 있건, 어떤 꼴을 당하건, 땡감을 따 먹을 만큼 가난해서 '부'富를 못해도, 혹은 개똥밭을 구를 만큼 천해서 '귀'貴를 못해도 그저 오래오래 이 세상에 살아 '수'만 누리면 된다는 것이 이들 속담이 고백하는 현세긍정주의입니다.

새삼 들춰내서 얘기한다는 것이 바보스러운 동의어同義語 반복이라고도 하겠습니다만, 수壽의 개념 속에는 현세 긍정의 사상이 함의되어 있는 것 이상으로 자명한 것이 그 속에 생명 긍정의 사상이 들어 있다는 점입니다.

'이승'이나 '이 세상'이란 말은 결국 목숨을 지녀서 누리는 세계, 생명의 세계라는 것입니다. 따라서 수의 개념에는 현세긍정주의와 함께 자명한 이치로 생명긍정주의가 전제되고 있다고 보아야 할 것입니다.

"산 개가 죽은 정승보다 낫다"느니, "죽은 석숭石崇이 산 개만 못하다"느니 혹은 "소여小輿·대여大輿에 죽어 가는 것이 헌 옷 입고 볕에 앉아 있는 것만 못하다"느니 하는 속담들은 바로 그러한 생명지상주의를 통속적으로 표백하고 있는 보기들입니다.

조금 전에 인용한 우리나라 최초의 소설 작품이라고 하는 조선 세조世祖 시대의 김시습金時習이 지은 『금오신화』金鰲新話를 보면, 그 셋째 편이 「취유부벽정기」醉遊浮碧亭記로 거기에는 주인공 홍생洪生이 평양에 놀러 가서 기자왕箕子王 딸이라는 묘령의 여인과 시를 주고받는 얘기가 나옵니다. 그 여인의 시구에 이런 대목이 보입니다.

몇 천 년 흥망성쇠
뜬구름 됐단 말가
……
숲 속에 누운 비석
푸른 이끼 끼었구나
……
알괘라 그 옛날이
한바탕 꿈이려니,
저승을 기약하랴
이승에서 만나 보게,
술 한잔 가득 부어
취해 본들 어떠하리,
풍진에 삼척 칼을
마음에 이어 두랴,
만고에 영웅호걸
한 줌의 진흙인걸,
세상에 남은 것은
헛된 이름뿐이로세
…….[8]


저승에 대한 이승의 우위優位, 바로 그렇기 때문에 이승에 사는 목숨
이 저승으로 간 죽음을 어여삐 여기는, 사자死者에 대한 생자生者의 우

월감, 그리고 그러한 생명의 무無역사성 등이 여기에 노래되고 있는 것으로 풀이할 수 있습니다.

장수를 복으로 본다는 것은 혹시 모든 시대, 모든 사회에 공통된 인간의 보편적인 행복관이라고 볼 사람이 있을지도 모르겠습니다. 그러나 그것은 그렇지가 않은 것 같습니다. '오래오래 살고 싶다'–그것은 보기에 따라서는 너무나도 자명한 얘기처럼 들릴지도 모릅니다. 그러나 우리가 조금만 눈을 다른 곳으로 돌려 본다면 이러한 삶과 죽음의 절대 긍정과 절대 부정의 자명성은 결코 보편적으로 받아들여지고 있는 것은 아니라 함도 쉬이 알 수 있습니다.

# 2

# 고대 그리스인의 사생관

어떤 면에서는 오히려 바로 이 문제에 대한 해답을 통해서, 좀 거창하게 표현해 본다면 인간의 문명 세계는 그 먼동이 트는 새벽길에서 크게 몇 갈래의 길로 갈라져 온 것 같기도 합니다. 그건 나중에 살펴보도록 하겠습니다. 우선은 우리들의 수사상, 또는 한국적인 사생관死生觀과 극단적인 대조를 이루고 있는 것처럼 보이는 사례들을 알아보겠습니다.

그를 위해선 먼저 고대 그리스 사람들의 사생관을 비교의 대상으로 삼아 보는 것도 좋으리라 생각됩니다. 그리스 비극에 친숙한 사람들은 소포클레스가 죽기 직전에 완성한 마지막 작품 『콜로노스의 오이디푸스』에 나오는 다음과 같은 유명한 '코로스'(고대 그리스의 고전극에 등장하는 choros=합창) 구절을 알고 있을 것입니다.

태어나지 않는 것이 더할 나위 없이
좋은 일이지만 일단 태어났으면
되도록 빨리 왔던 곳으로 가는 것이
그 다음으로 가장 좋은 일이라오⁹

　목숨을 얻지 않는 것, 삶을 얻지 않는 것, 세상에 태어나지 않는 것
이 최고의 선이요, 태어난 이상에는 빨리 죽는 것이 차선이라고 한 이
비탄의 넋두리는 그러나 소포클레스의 창작이 아니요 또 소포클레스
만이 되뇌던 넋두리도 아니었습니다. "고유명사가 일반 용어가 된 철
학사의 유일한 경우"라고 하는 '최초의 에피큐리언이었던 에피쿠로
스'¹⁰도 그의 제자 메노이케우스Menoikeus에게 보낸 서한에서 이 말을
(물론 그걸 부인하기 위해서지만) 인용하고 있습니다.¹¹ 뿐만 아니라 에우리
피데스의 여러 비극에도 되풀이되는 이 말의 출처는 소포클레스나 에
우리피데스보다 5세기 내지 7세기 앞섰던 호머의 작품 『호메로스와
헤시오도스의 싸움』이라 밝혀졌습니다.¹² 그러나 이것으로 그 야릇한
말의 근원이 최종적으로 밝혀진 것은 아닙니다. 출처는 더욱 거슬러
올라가서 신화나 전설의 세계에 가서야 비로소 그 원조를 찾는 것 같
습니다. 지금은 없어진 아리스토텔레스의 글에는 손이 닿기만 하면
모든 것을 황금으로 둔갑시킨다는 당나귀 귀의 미다스Midas 왕과 주신
酒神 바쿠스의 양부養父 실레누스Silenus 사이의 다음과 같은 대화가 전
해지고 있다는 것입니다. 프리기아Phrygia의 왕 미다스가 사람에게 있
어 가장 소망스런 최선의 것이 무엇이냐고 묻자 잡혀 온 실레누스가

그대는 모르고 있는 것이 가장 좋은 것을 나에게 말하란 말이냐고 투덜대면서 내뱉은 말이 바로 그 뒤 두고두고 인용되는 문제의 잠언입니다.[13]

그리스 문화와 르네상스 문화의 빼어난 역사를 저술한 브루크하르트는 고대 그리스의 압도적으로 많은 시나 산문에서 세상을 비관하는 염세주의가 하나의 대중적, 통속적인 현상이 되고 있었다고 적고 있습니다. 도대체 그리스인은 삶을, 그 자체로서 예찬한다거나 하물며 삶을 선물해 준 것에 대해서 하느님에게 감사한다거나 하는 생각은 떠오르지 않았다는 것입니다.[14] 이처럼 그들은 사람의 삶을 불행한 것으로 보았기 때문에 아예 태어나지 않거나 아니면 요절하는 것을 최선 내지 차선의 것으로 보았으며, 장수한다는 것을 행복한 것으로는 전혀 여기지 않았던 것 같습니다. 그리스인의 신화에서는 찬란한 것은 일찍 죽고, 그리스인의 일상생활에서는 요절한 사람을 부러워하곤 했다는 것도 같은 맥락에서 이해될 수 있습니다. "아킬레우스는 일찍 죽기 때문에 그처럼 훌륭하며, 그는 그처럼 훌륭하기 때문에 일찍 죽는다"는 것이 요절을 미덕으로 본 그리스인의 논리였습니다.[15]

통속화된 염세주의와 요절의 찬미가 현실적으로 결과하는 것은 당연히 자살이었습니다. 자살은 전염병처럼 그리스의 여러 고장에 번져가서 밀레트의 처녀들의 경우에는 부모들의 눈물도 친지들의 말림도 망보는 사람들의 감시도, 줄을 이어 목을 매는 처녀들의 자살을 막지 못했다는 것입니다. 결국 어느 지혜로운 사람의 제안을 받아들여 목을 맨 사람은 아고라廣場에 벌거벗겨 시신을 공개하기로 결의가 되면

서 비로소 자살의 돌림병이 진정되었다고 브루크하르트는 적고 있습니다.[16]

# 3

# 일본 무사(武士)의 아르스 모리엔디

수壽를 어디서나 복福으로만 여기지 않는다는 사례를 찾아보기 위해서 반드시 시간적으로나 공간적으로나 아득히 먼 고대 그리스까지 역사 기행을 할 필요는 없을 것 같습니다. 우리는 한반도와는 일의대수一衣帶水의 사이라고 하는 일본 문화에서 우리와는 판이하게 다른 사생관, 부정적인 수복관壽福觀을 만날 수 있을 것입니다.

이미 얘기했던 것처럼 내가 복이란 말을 떠올려 보고 그에 대해서 한번 생각해 봐야겠다고 마음먹은 것이 6·25 전쟁 때였습니다.

전쟁이 무엇입니까. 일반 서민에게 있어 평화가 삶과 죽음의 거리를 되도록 멀리, 보이지 않으리만큼 멀리 있게 하는 상태에의 지향이라고 한다면, 전쟁이란 그 정반대의 것입니다. 그것은 삶과 죽음의 거리가 서로 어깨를 부딪치리만큼 바짝 좁혀져 다가드는 위협의 상태를 말한다고 해서 잘못입니까? 평화로운 평상시에는 '남'의 일처럼, 혹은 '먼 훗날'의 일처럼 접어 두고 있던 죽음이 전쟁 시에는 '나'에게도 '언제든지' 일어날 수 있는 일로 돌연 실감나게 다가옵니다. 삶과 죽음에 대한 생각을 전쟁이 나면 사람들은 누구나 싫어도 한번쯤은 해보게 되고, 그러한 생각의 결론은 곧바로 사람들의 행동에 거짓 없이 드러나게 됩니다.

따지고 보면 6·25 전쟁은 우리들 세대에겐 처음 겪는 전쟁은 아니었습니다. 비록 어깨 너머로 구경한 것에 지나진 않았다고 하더라도 우리들은 국민학교의 거의 전 과정을 태평양 전쟁(제2차 세계대전)의 전시체제에서 살아왔던 터였습니다. 비록 전쟁의 현장은 목격하지 못했다고 하더라도 우리들은 이 세상에서 처음 들어간 학교에서 철저하게 일본의 '전쟁 교육'을 받아 왔던 것입니다. 그를 통해서 내가 배운 가장 인상적인 것은 다른 것이 아닙니다. 어디까지가 진실이고 어디까지가 허구인지 분간하기는 어렵다 하더라도 일본 사람들이 그들의 국가나 '덴노'天皇에 대해서 지니고 있는 거의 히스테리컬한 충성심이었습니다. 그리고 그것을 증언이라도 하려는 듯 국가나 '덴노'를 위해서는 사람의 목숨이나 죽음 같은 것은 도무지 대수롭지 않게 여긴다는 강변이었습니다.

이러한 그들의 강변이 한낱 혀끝만 놀리는 빈 얘기가 아니었다 함은 비단 전쟁 중에 있었던 수많은 일본 군민軍民의 전멸을 미화한 '교쿠사이'玉碎(적에게 포로가 되지 않고 군·민 전원이 집단사하는 것) 보도나 '가미카제'神風 특공대의 연쇄 자살 폭격 사례를 통해서만이 아니라, 1945년 일본의 패전 직후 '덴노'天皇의 궁성 앞에서 꼬리를 문 연쇄 할복 자살에서 입증이 되고 있다 하겠습니다.

실로 일본과의 만남이 나에게 준 가장 큰 문화 충격은 예나 지금이나 생으로 제 배를 칼로 가르는 그들의 '하라키리'割腹 의식儀式, 거의 예술로까지 승화, 공인되고 있는 자살 의식*임에 변함이 없습니다. 그 까닭은 돌이켜 보건대 내가 (일제 치하에서도) 우리나라의 전통적인 수복壽福사상의 문화 풍토에서 자라 나왔기 때문에, 일본인의 사생관을 어떤 면에선 심미적으로 미화한 '하라키리' 의식이 그처럼 낯설고 이질적으로만 느껴질 수밖에 없었다고 생각됩니다.

나는 유럽이나 일본의 공연 예술을 편력하고 돌아와 쓴 글에서 우리에게는 일찍이 '어떻게 죽을 것인가' 하는 '아르스 모리엔디'ars moriendi, 곧 '죽음의 예술'이 크게 꽃피지 못했던 것 같다고 적은 일이 있습니다.[17] 전통적인 한국인의 대부분의 의식에는 십자가를 주제로 한 미술이나 '죽음의 춤'dance macabre(혹은 Totentanz)이 낯선 만큼이나 '사무라이'가 제 배를 칼로 가르는 '하라키리' 장면을 드라마의 무대로 꾸미는 '가부키'歌舞伎나 '노오'能와 같은 공연 예술도 서먹서먹한

---

\* 가령 한 일본의 작가 도네가와 유타카는 이렇게 적고 있다. "보기 흉한 죽음은 수치다. 거기에서 여러 가지 죽음의 양식이 생겨난다. 예컨대 할복(割腹)이라고 하는 죽는 방식은 이양(異樣)한 수준으로까지 드높여진 미적(美的) 양식이다. 우리와는 다른 문화권의 사람들은 '하라키리'를 무참한 참극으로밖에는 보지 않을 것이다. 하지만 일본인에게 있어선 그것은 결벽(潔癖)한 양식이요, 더럽혀지지 않은 죽음의 방식이다"라 적고 있다. 利根川裕, 『日本人の死にかた』(일본인의 죽는 법), 京都: PHP硏究所, 1981, 242쪽.

위화감을 불러일으킵니다.

우리에게 있어서 삶과 죽음의 관계란 죽음이 일방적으로 공세에 있고 삶은 언제나 수세에 있는 것, 죽음은 가해자요 삶은 피해자의 입장에 몰려 있는 관계라고 봐서 좋을 줄 압니다. 죽음은 재난처럼 덮치고 삶은 '당한다'고 느끼고 있습니다.

어떻게 죽을 것인가 하는 '아르스 모리엔디'는 삶이 죽음을 능동적으로, 적극적으로, 아니 긍정적으로 의도할 때 가능한 것이라고 한다면, 죽음을 처음부터 수동적으로, 소극적으로, '화'禍로서 받아들이고 있는 우리에겐 죽음의 예술이란 범주는 처음부터 성립될 수 없는 것이라 하겠습니다. 죽음이란 오직 부정적인 것일 뿐이기 때문입니다. 우리에게 있다면 그것은 죽음을 억울해 하는, 죽음을 슬퍼하는 '울음의 문화'요, 사회적인 의식儀式으로까지 외화外化되고 공화公化된 '곡哭의 예술'입니다.[18]

어떻게 죽을 것인가 하는 아르스 모리엔디가 부재한 우리들에게는 따라서 죽음이 떼를 지어 엄습해 오는 전쟁의 마당처럼 낯설고 이질적인 세계는 없다고 할 것입니다. 6·25 전쟁이 터지자 우리에겐 그 전쟁을 맞는 모습이 일제 시대의 전쟁 교육을 통해서 배운 일본인들의 그것과는 무언지 '본질적으로' 다르구나 하는 것을 느꼈습니다. 전쟁터에 나가는 친구들의 모습, 그들을 떠나보내는 부모 친지들의 모습을 보면서 그때까지는 뚜렷하게 의식하지 못했던 한국적인 것의 한 진상을 나는 처음 깨닫게 된 것만 같았습니다. 역설적으로 얘기한다면 우리들의 전통적인 수복壽福사상이 총체적으로 부정을 당하는 전쟁 상황에 조우遭遇함으로 해서 나는 비로소 우리들의 국가관, 사생관과 함께 우리들의 수복사상의 전통을 깨닫고 그를 긍정하게 되었다고 할 수 있겠습니다.

나는 지금 일본의 '하가쿠레 부시' 葉隱武士의 전통을 떠올려 보고 있습니다. 다 알다시피 사士라고 하는 같은 한자를 우리는 '선비' 〔文士〕로 새기고 있는 데 반해 일본에서는 이를 '사무라이' 武士로 새기고 있습니다. 지금부터 약 300년 전 일본 사가佐賀현의 나베시마한鍋島藩 무사 야마모토 쓰네토모山本常朝가 구술한 것을 그 지방의 낭인浪人 다시로 쓰라모토田代陳基가 7년에 걸쳐 필기 편집했다는 『하가쿠레 기키가키』葉隱聞書는 일본의 무사도武士道 정신과 일본인의 사생관을 가장 잘 표백하고 있는 책으로 알려지고 있습니다.

무사도라고 하는 것은 죽는다는 것에 있다. 삶이냐 죽음이냐 둘 중에 하나라면 죽는 것이 좋다. 별나게 생각할 것은 없다The Way of Samurai is found in death. When it comes to either/or, there is only the quick choice of death. It is not particularly difficult.[19]

죽음을 중핵中核으로 하는 하가쿠레 무사도의 철학은 일본인의 '하라키리' (할복자살) 전통, 제2차 세계대전 중에는 가미카제神風 자살 특공대와 '교쿠사이' 玉碎 작전을 수행케 한 일제 군국주의의 정신적 지주가 됐던 것입니다. 제2차 세계대전이 끝난 뒤에도 하가쿠레 무사의 '죽음의 철학' 은 미시마 유키오三島由紀夫같이 전후 일본 문학을 세계적으로 대표한 작가에 의해서 계승되었습니다. 1970년 백주에 일본 자위대 본부를 찾아가 그 발코니에서 일본 군국주의의 부활을 위해 할복자살함으로써 하가쿠레무사 정신을 현대 세계에 입증 시위한 미시마는 자결하기 3년 전에 출간한 그의 저서 『하가쿠레 뉴몽』葉隱入門에서 이렇게 적고 있습니다.

"무사武士란 죽음의 직업이다. 아무리 평화로운 시대가 되더라도 죽음이 무사의 행동 원리다……. 우리들은 오늘 죽는다고 생각하고 일을 할 때 그 일은 갑자기 생생한 빛을 발한다는 것을 인정하지 않을 수 없다"[20]는 것입니다. 사람의 목을 베는 행동적인 죽음〔斬殺〕과 제 배를 가르는 할복의 죽음〔自殺〕을 동렬에 놓는 것이 일본 특유의 사고방식이라고 한 미시마는 "할복이라는 적극적인 자살은 서양의 자살처럼 패배가 아니라 명예를 지키기 위한 자유 의사의 극한적인 표현"이라고도 적고 있습니다.[21] 우리들 한국 사람에게는 낯설기 이를 데 없는 이러한 하가쿠레 무사의 전통을 지녀 온 이웃 나라 사람에 대해 미시마는 "일본인은 죽음을 언제나 생활의 뒤편에 바싹바싹 의식하고 있던 국민"[22]이라고도 밝히고 있습니다.

우리들의 주목을 끄는 것은 하가쿠레 무사의 이러한 사생관死生觀이 단순히 일본의 무사武士들에게만 고유한 것으로 국한되진 않고 있다는 사실입니다. 그것은 그를 숭앙한 전후 일본의 작가 미시마에 훨씬 앞서 메이지유신 이후 일본을 이끌어 온 대표적 사상가이자 이른바 교토京都 학파의 비조鼻祖라 일컫는 니시다 기타로西田幾多郎 같은 지식인에 의해서 철학적으로 근거를 굳혀 놓고 있었습니다. "서양 문화의 근저에는 유有의 사상이 있고 동양 문화의 근저에는 무無의 사상이 있다"[23]고 본 니시다는 여기에서 그의 고유한 무無의 논리를 추구하게 됩니다. 그 결과 무릇 모습〔形〕 있는 것은 모습 없는 것의 그림자라는 명제를 끌어내고, 그 결과 니시다 철학은 무無에 동화同化하면서 필경 죽음을 받아들이는 길을 설파하게 됩니다.

제2차 세계대전 말기에 세계는 일본이 시위한 '가미카제'神風 특공대의 줄 이은 자살 폭격, 과달카날·아투·사이판·괌·이오·오키나와 섬 등에서 미군이 상륙할 때마다 보여준 일본 군·관·민의 이른바 '교쿠사이'玉碎라 일컫는 집단적 죽음에 놀랍니다. 물론 그 배후에는 태평양 전쟁을 도발한 일본의 총리 도조 히데키東條英機 육군대신(겸직)이 1941년에 제정한 '전진훈'戰陣訓 — "살아서 노수虜囚(포로)의 치욕을 받아선 안 된다"는 엄중한 훈시가 있긴 했습니다. 그러나 전쟁 중에 죽음을 두려워하지 않은 일본인이 보여준 '가미카제'와 '교쿠사이'의 국방철학defence philosophy은 단순히 외부의 강요에 의한 것이라고 보기만은 어려운, 자발적인 측면도 있는 것으로 보입니다. 당시 일본 문단에서 죽음을 긍정적으로 미화했던 야스다 요주로保田與重郎 등 '일본 낭만파' 문인들의 이른바 '산화散華의 미학'이 그 보기라 하겠습니다.

나치 독일의 철학이 '우리는 싸워야 한다!' wir müssen kämpfen!는 명제였다면, 군국주의 시대의 일본 정신은 '우리는 죽어야 한다!' wir müssen sterben!는 것이었다고 일본 낭만파 출신의 한 비평가는 회고하고 있습니다.[24]

그처럼 야스다 등 일본 낭만파의 젊은 문인들이 적극적·감정적으로 '죽음의 철학'을 긍정하고 있었다고 한다면, 니시다 기타로 같은 일본 철학의 원로는 그를 소극적·논리적으로 긍정하고 있었다고 볼 수 있습니다. 그뿐만이 아닙니다. 살아서 포로로 잡혀 치욕을 받느니 과감한 죽음의 길을 택할 것을 지시한 도조東條 육군대신의 '전진훈' 작성에는 이노우에 데쓰지로井上哲次郎, 와쓰지 데쓰로和辻哲郎, 기히라 다다요시紀平正美 같은 저명한 철학 교수들이 참여했고, 시마자키 도손 島崎藤村 같은 문단의 원로도 문장을 다듬는 데 자문을 받은 것으로 알려지고 있습니다.[25]

# 4

# '무정세월'과 하여가(何如歌)

요절을 선으로 본 고대 그리스인들은 죽음을 복으로 받아들일 수도 있었겠으나 그와 정반대로 장수를 복으로 본 한국인에게는 죽음은 화 禍요, 가해자입니다. 죽음은 재해처럼 덮치고 삶은 죽임을 '당한다'고 느껴 왔습니다. 삶은 죽음 앞에 피해자입니다. 그뿐만 아니라 시간조차 목숨의 수를 깎아 먹는 것이기 때문에 '무정세월'이라 느끼고, 그래서 '허송세월'할 수는 없다는 생각에 쫓기는 강박감이 한국인의 사생관死生觀과 시간관의 바탕에는 깔려 있는 것처럼 보입니다.

이 세상을 초월하는, 이 세상 위에 있는 어떤 권위도 보지 않는 현세지상주의, 사자死者에 대한 생자生者의 절대 우위만이 실감되는 생명지상주의, 사후死後의 어떤 평가도 허망한 것으로 보는 무無역사성, 바로 그러한 것들이 필연하는 논리적인 귀결이 하여가何如歌류의 무無도덕성을 잉태하고 있다 해서 잘못이겠습니까. 더군다나 이 세상은 좋은 것, 그래서 오래오래 수를 누릴수록 복이기는 하나 우리들의 목숨에 무한한 삶, 영원한 삶 또는 '다른 삶'에의 가능성이 닫힌 채 처음부터 죽음이 전제되어 있다고 할 때 그러한 삶이 추구하는 것은 무엇이겠습니까. 백세를 장수한다고 하더라도 이 세상의 낙樂을 누리는 삶의 시간이란 산 만큼 시시각각으로 짧아지기 마련이요, 반대로 죽음의 시간은 산 만큼 시시각각으로 다가오고 있습니다. 그래서 죽음에 의해서 삶이 쫓기고 있다는 마음이 다급하면 다급할수록 쫓기는 삶이 다시 이 세상의 낙을 쫓는 '하여가'의 동기도 강해진다고 할 수 있겠습니다. 말하자면 '쫓기면서 쫓는' 현세향락주의입니다.

여기서 『춘향전』을 다시 보겠습니다.

백옥 같은 내 딸 춘향 화용신花容身도 부득이 세월이 장차 늙어져 홍안이 백수白首되면 시호시호부재래時乎時乎不再來라 다시 젊든 못 하나니 무슨 죄가 진중하여 허송 백년 하오리까.[26]

유한한 이승에서의 목숨, 그걸 깎아 먹는 시간은 한번 흘러가면 다시 돌아오지 않는 것, 그렇기에 이별의 시간이란 그를 곁에서 보는 춘향 모에게도 안타깝기 이를 데 없는 것이어서 한양으로 떠나려는 이 도령에게 달려들어 이처럼 악을 쓰게 하고 있습니다.

여기에서도 시간은 수를 깎아 먹는 '무정세월'이요, 그렇기에 '허송

세월'할 수 없다는 생각이 사람을 쫓고 있습니다.

이런들 어떠하리 저런들 어떠하리
만수산 드렁칡이 얽어진들 긔 어떠리
우리도 이같이 얽어져 백년까지 누리리라[27]

조선조의 3대 군왕 이방원李芳遠이 지었다는 이 〈하여가〉는 그를 읊은 당시의 역사적인 상황을 떠나서 보더라도 현세주의적인 우리나라 사람들의 심정의 한구석을 보편적으로 나타내고 있다고 봐서 잘못이 아닌 줄 압니다.

비단 이름 없는 서민들의 삶의 감정, 삶의 통찰을 표현한 속담이나 판소리의 사설만이 아닙니다. 양반 사회의 지체 높은 선비들이 짓고 읊은 시조류에도 쫓기기에 쫓고 있는 현세향락주의 사상의 보기들은 얼마든지 있습니다. 가령

한 잔 먹새 그녀. 또 한잔 먹새 그녀, 곳 것거 산算 놓고 무진무진無盡無盡 먹새 그녀, 이 몸이 죽은 후면 지게 우헤 거적 덮어 주리혀 메여 가나 유소보장流蘇寶帳의 만인萬人이 울어녜나 어욱새 속새 덥가나모 백양白楊 속에 가기곳 가면 누른 해 흰 달 가는 비 굵은 눈 소소리바람 불 제 뉘 한잔 먹자 할고 하물며 무덤 우헤 잰납이 파람 불 제야 뉘우친들 엇지리*

송강松江 정철鄭澈(1536~1593)의 사설시조입니다. 예조판서, 대사간 등의 큰 벼슬자리를 지낸 사람도 이처럼 죽은 후의 허무를 강조하면서 꽃이 피는 이승에서 실컷 마시고 즐기자고 노래하고 있음을 봅니다. 물론 이것은 「장진주사」將進酒辭라 그렇다고 치더라도, 또 다른 보기를 들면 다음과 같은 것들도 있습니다.

> 술 먹고 노는 일을 나도 왼 줄 알건마는
> 신릉군信陵君 무덤 우희 밭 가는 줄 못 보신가
> 백 년이 역亦 초초草草하니 아니 놀고 엇지하리[28]

이것은 어느 주태백酒太白이나 플레이보이의 노래가 아닙니다. 선조宣祖 때의 이른바 유교 칠신遺敎七臣의 한 사람이요 인조仁祖 때 그 벼슬이 영의정에까지 오른 정주학程朱學의 대가 상촌象村 신흠申欽이 지은 시조입니다.

> 인생을 헤여 보니 한바탕 꿈이로다
> 좋은 일 궂은일 꿈속에 꿈이여니

---

* 『歷代時調選』, 109~110쪽.
먹새 그녀＝먹세그려, 곳 것거＝꽃 꺾어, 산 놓고＝헤아려 두고, 우헤＝위에, 주리혀＝졸라매어, 유소보장＝곱게 꾸민 상여, 울어녜나＝울면서 가나, 어욱새＝억새풀, 속새＝속새풀, 덥가나모＝떡갈나무, 가기곳 가면＝가기만 하면, 소소리바람＝회오리바람, 잰납이＝원숭이, 파람＝휘파람, 엇지리＝어찌하리.

두어라 꿈 같은 인생이 아니 놀고 어이리[29]

김천택金天澤이 『청구영언』靑丘永言에서 "기사其辭는 정대正大하고 기지其旨는 미완微婉하여 다 성정性情에 발發하여 실로 청아淸雅의 유운遺韻"(그 말은 바르고 대범하며 그 뜻은 은밀하면서도 아름다워 그 모두가 타고난 본성에서 나와 실로 깨끗하고 맑은 유풍)[30]이 있다고 격찬한 남곡南谷 주의식朱義植의 시조입니다.

마지막으로 하나의 보기만을 더 보태어 본다면, 어느 무명씨의 시조는 이렇게 노래하고 있습니다.

오늘도 조흔 날이오, 이곳도 조흔 곳이
조흔 날 조흔 곳에 조흔 사람 만나이셔
조흔 술 조흔 안주에 조히 놀미 조해라.[31]

한국적인 복福사상의 첫 번째 눈인 수壽의 개념이란 저승에 대한 이승의 우위, 죽음에 대한 목숨의 우위를 함의하는 현세 긍정, 생명 긍정의 사상이라 보았습니다. 그러나 이러한 수를 누리는 목숨이 무한이나 영생을 지향하지 않고 그 유한성을 철저하게 자각할 때 거기에서 오는 논리적인 전개의 한 방향이 "이런들 어떠하리 저런들 어떠하리"라는 〈하여가〉의 무역사성, 무도덕성에서 시작해 그것이 "아니 놀고 어찌하리"라는 의문법적인 현세 향락의 추구로 정향定向이 되고, 마침내는 "좋게 노는 것이 좋도다" 하는 정언定言법적인 현세 향락의 긍정으로 귀결되고 있음을 봅니다.

죽음을 싫어하고 죽음을 두려워하고 죽음을 거부하는 수복壽福사상, 삶에 집착하고 삶을 고집하고 삶을 절대시하는 수복사상, 그것은 보기에 따라서는 평화주의로 평가될 수도 있는가 하면 경우에 따라서는 기회주의로 평가될 수도 있을 것입니다.

필경 생명의 절대 긍정, 현세의 절대 긍정에 통하는 수복사상은 목숨을 내던질 수 있는, 그래서 결국 목숨을 앗아 가는 어떤 '명분', 어떤 초월적 '이념'보다도 '목숨' 그 자체의 값어치를 더 무겁게 보기 때문에 목숨을 바쳐야 되는 어떤 싸움도 싫어하는 반전反戰주의 사상이요, 목숨 이상의 어떤 명분이나 이념도 믿지 않는 현실주의 사상입니다. 아무것에도 마음속에서부터 홀딱 취해 넘어가지 않는, 아무것에도 쉽게 몸을 내던져 버리지 않는 마음의 멀쩡함sobriety(Nüchternheit)이 수복사상의 본바탕입니다.

무역사성, 무도덕성 혹은 무이념성이 지적될 수 있는 수복사상에도 그 나름대로의 에토스, 그 나름대로의 실천적·윤리적 기능이 있다면 그것은 살아남기 위한 윤리, 곧 생존survival(Überleben)의 윤리라고 할 수 있습니다. [32]

1 플라톤의 『크리톤』에서, Platon, Saemtliche Werke, Rowohlts Klassiker, Hamburg, 1980, Bd. 1. 40쪽.

2 李基文 編註, 『歷代時調選』, 三星文化文庫 21, 1973, 302쪽.

3 같은 책, 303쪽.

4 『春香傳』(韓國古典文學大系 10권), 155쪽.

5 같은 책, 179쪽.

6 같은 자리.

7 金時習, 『金鰲新話』(韓國古典文學大全集 5권), 世宗出版公社, 1970, 94쪽.

8 같은 책, 104~105쪽.

9 Sophokles, Oidipous epi Kolonoi. 소포클레스, 천병희 옮김, 『소포클레스 비극 전 집』, 도서출판 숲, 2008, 206쪽. 영문 번역은 "Not to born is, past all prizing best; but when a man hath seen the light, this is next best by far, that with all speed he should go thither, whence he hath come." Oedipus at Colonus, Translated by Sir Richard C. Jebb, Univ. of Chicago, 1952.

10 Ludwig Marcuse, Philodophie des Glücks, Von Hiob bis Freud, Diogenes Verlag, Zürich, 1972, 50~52쪽.

11 Epikur, Philosophie der Freude, Übersetzt v. Johannes Mewaldt, Alfred Kröner Verlag, Stuttgart, 1973, 42쪽.

12 Jacob Bruckhardt, Griechische Kulturgeschichte, Deutsche Taschenbuch Verlag, München, 1982, Vol. II, 372쪽.

13 Ibidem. 한편 브루크하르트의 『그리스문화사』(초판 1898~1902)보다 약 30년 전에 그의 친구였던 고전학자 니체는 처녀작 『음악의 정신으로부터의 비극의 탄생』에서 역 시 미다스와 실레누스의 대화를 소개하면서 이 잠언을 인용하고 있다. cf. Friedrich

Nietzsche, Die Geburt der Tragödie aus dem Geist der Musik, In Karl Schlechta (hg.) Friedrich Nietzsche: Werke in Drei Bänden, (Carl Hanser Verlag, München, 1960), Erster Band, 30쪽.

14 Jacob Bruckhardt, op.cit., 363~364쪽.

15 같은 책, 354쪽.

16 같은 책, 386쪽.

17 "아르스 모리엔디 / 이오네스코 작, 〈왕이 죽는다〉." (최정호, 『世界의 舞臺』, 서울: 一志社, 1976, 9~12쪽.)

18 최정호, 『울음의 文化 울음의 政治』, 서울: 庚美文化社, 1977, 12~31쪽 참조.

19 松本義弘 解說 · 譯, 『葉隱』, 東京: ニュートンプレス, 2003, 87쪽.
英譯本은 William Scott Wilson, 『Hagakure: The Book of Samurai』, Tokyo: (株)講談社インターナショナル, 2005, 25쪽.

20 三島由紀夫, 『葉隱入門』, 東京: 新潮文庫, 1983, 25~28쪽.

21 같은 책, 40쪽.

22 같은 책, 84쪽.

23 西田幾多郎, 『哲學の根本問題』續篇, 東京: 岩波書店, 1936, 275쪽; 西田幾多郎, 『日本文化の問題』, 東京: 岩波書店, 1940, 93~94쪽.

24 橋川文三, 『日本浪漫派批判序說』, 東京: 未來社, 1960.

25 松本健一, 『日本の失敗: 第二の開國と大東亞戰爭』, 東京: 岩波書店, 2006, 303쪽.

26 『春香傳』, 101쪽.

27 『歷代時調選』, 33쪽.

28 같은 책, 144쪽.

29 같은 책, 253쪽.

30 趙潤濟, 『韓國文學史』, 東國文化社, 1963, 352쪽에서 재인용.

31 『歷代時調選』, 304쪽.

32 한 개체나 공동체의 최고의 가치로 '살아남기', '생존'(survival)을 거론하고 있는 점에 관해서는 Karl Deutsch, The Nurves of Government, Models of Political

Communication and Control, The Free Press, New York, 1966, 248~250쪽
참조.

# 4장

# 부(富)사상의 망라주의

"부자가 되려면 가난한 집에서 태어나야 한다."

카네기

# 부(富)사상의 망라주의

　모든 것을 죽음에서가 아니라 삶 속에서 찾고 삶 속에서 누려 보려 함이 복 개념의 첫눈인 수壽의 사상이라고 한다면, 그러한 생명 긍정, 현세 긍정의 당연한 귀결이 복의 개념이 내포하는 두 번째 눈인 부富 사상이 된다고 하겠습니다. '수'의 현세주의와 '부'의 물질주의는 다 같이 복을 추구하는 한국적인 현실주의의 깨어 있는 멀쩡한 정신에 뿌리를 내리고 있는 것처럼 보입니다.

　존재의 총체 속에서 이념, 이상, 정신 등에 지배적인 지위를 부여하려는 이상주의 또는 관념론Idealismus[1]에 대한 반대 명제로서의 물질주의Materialismus 내지는 현실주의Realismus는 물론 그의 전개 과정에서 역사적으로 다양한 양태를 제시했고 제시하고 있습니다. 그러나 여기서 한국적인 물질주의나 현실주의라고 한 경우는 '지금 이곳'에 주어져 있는 현실과 그 현실의 관계만을 받아들이고 그를 넘어서는 어떤 초월적인 세계, 어떤 초현실적인 세계관에도 쉽게 나부끼지 않는 한 국인의 냉정한 삶에 대한 태도쯤으로 정의해 보고 그렇게 이해해 주 시면 되겠습니다.

수를 비는 마음은 죽음에 쫓기고 있는 목숨이 되도록 죽음으로부터 멀리 떨어져서 오래오래 이승의 삶을 누리려는 소망에서 나온 것이라 면, 부富를 비는 마음도 일차적으로는 가난으로부터 되도록 멀리 벗어 나서 푸짐하게 이승의 삶을 누려 보자는 소망에서 나온 것으로 풀이 할 수 있겠습니다. 생과 사死, 수와 요夭가 짝이 되는 것처럼 부는 빈貧 과 짝이 됩니다.

수복壽福을 비는 배경에는 유아 사망률이 높고 한국인의 평균 수명 이 40세도 넘지 못하던 전통 사회에 너무 흔했던 단명·요절 현상이 있었던 것처럼, 부복富福을 비는 배경에는 "가난 구제는 나라도 못한 다"는 전통 사회의 보편적인 빈곤 현상이 깔려 있었다고 하겠습니다.

연암燕巖 박지원朴趾源의 한 소설을 보면, 서울의 가난한 선비가 돈 일만 금을 빌려서 전국의 과일을 매점해 두었다가 열 배의 값을 받고 되판다는 얘기가 나옵니다. 그 작품에서 주인공 허생이 "어허, 겨우 일만 금으로 나라가 기울었으니 그 얕고 깊음을 알 수 있구나" 以萬金傾 之, 知國淺深矣 [2] 하고 넋두리하는 것처럼, 지난 세기말까지는 전통 사회 의 개인 살림이나 국가 경제가 몹시도 빈곤했던 것이 사실입니다. 혼 자서 온 나라의 모든 실과를 매점할 정도로 나라가 가난하니 속담 그 대로 "가난 구제는 나라도 못한다"는 그러한 형편이었던 것입니다.

# I

# 나라도 구제 못했던 가난

서민 문학인 판소리 사설에는 그러한 가난에 대한 한이 서려 있는 대목들이 여러 군데서 눈에 띕니다. 예컨대 〈흥부전〉에서 흥부의 아내는 "지빈무至貧無의 이내 형세, 금옥 같은 애중자식 헐벗기고 굶주리니 그 아니 가련한가, 세상에 주린 사람 뉘라서 구원하며…… 이 세상에 답답한 일 가난밖에 또 있는가"[3] 하고 넋두리하고 있습니다.

"어떤 사람 팔자 좋아 이목구비 완전하고 수족이 구비하여 곡식이 진진, 재물이 넉넉, 용지불갈用之不渴 취지무궁取之無窮 그른 일이 없건마는 나는 혼자 무슨 죄로 이 꼴이 되었는가, 애고애고 설운지고……"[4] 하고 슬피 우는 심 봉사의 경우도 마찬가지입니다.

부의 복을 빈다는 것은 우선 이처럼 가난에 시달리는 사람들이 가난에서 벗어나려는 소극적인 동기에서 나온 소망입니다. 그것은 제1차적으로 빈의 부정이요, 빈의 극복을 뜻합니다. 속담마따나 "가진 돈이 없으면 망건 꼴이 나쁘다"고 느꼈고, "돈이 없으면 적막강산이요, 돈이 있으면 금수강산"이라고 느꼈기 때문에 가난을 어떻게든 벗어나보려고 했던 것이요, "돈만 있으면 귀신도 부릴 수 있다"고 믿었고, "돈만 있으면 개도 멍 첨지가 된다"고 믿었기 때문에 부를 소망했던 것입니다.

가난은 나라도 구제하지 못하고 『흥부전』의 경우처럼 동기간에도 도와주지 못하는 것이기 때문에 그것은 저마다의 팔자로 받아들였고, 저마다의 타고난 복 또는 박복이라 생각했던 것 같습니다. 빈부의 문제를 공公적인 세계의 문제가 아니라 사私적인 세계의 문제로 파악한 결과 빈부의 갈림길은 사람이 타고난 복과 박복의 팔자소관이 되고 맙니다. 그러한 사사로운 복의 팔자타령을 밀고 가면 어느 무명씨가 노래한 다음의 시조에서 보여주는 '노아의 방주' 같은 자폐적인 세계에서 안주 안분하는 길밖에 없을 것도 같습니다.

내 옷에 내 밥 먹고 내 집에 누어시니
귀에 잡말 없고 시비에 걸릴소냐
백년을 이리 지냄이 그 분인가 하노라[5]

그러나 입을 옷이 반반하지 못하고 먹을 밥이 넉넉하지 못하고 드러누울 내 집을 갖지 못한 것이 많은 사람들의 한이요 가난한 살림이었습니다. 그리고 그러한 가난의 설움 가운데서도 으뜸가는 것이 없어서 먹지 못하는 굶음의 설움이었습니다.

"굶어 보아야 세상을 안다", "목구멍이 포도청", "사흘 굶어 아니 나는 생각 없다"는 등등의 속담이 그를 가르쳐 주고 있습니다. 먹는다, 그것도 무엇을 어떻게 먹느냐조차 문제가 아니라, 다만 먹는다는 것이 너무나 힘들었기에 우리는 이 '먹는다'는 말 대신에 '배를 채운다', '시장기를 달랜다', 심지어는 '요기療飢한다'는 말을 보통 일상적으로 썼던 것입니다. "사람은 먹기 위해서 사는 것이 아니라, 잘 먹기 위해서 산다"는 브리야 사바랭A. Brillat-Savarin의 식도락 철학에 흥청대고 있는 요즈음 사람들에겐 너무 아득한 얘기 같지만, 한번쯤 생각해 볼 일입니다.

바로 요 얼마 전까지만 하더라도 우리나라에선 사람들끼리 주고받는 점잖은 인사말이 "진지 드셨습니까", "밥 먹었느냐" 하는, 굳이 따져 본다면 사람들의 '요기' 여부를 물어보는 말이었습니다.

그뿐만이 아닙니다. 원앙금침에 절대가인과 더불어 만단정회를 풀어 보겠다고 야밤중에 뛰쳐나온 이도령조차도 부끄러이 마당에 내려 천연히 서 있는 춘향더러 첫날밤 첫 데이트에서 던진 첫마디가 "곤困하지 아니하며 밥이나 잘 먹었느냐"[6] 하는 말입니다.

# 2

# 물질적 무선별의 망라주의

부를 비는 마음은 가난에서 벗어나려는 1차적·소극적 동기에서 출발해 그 다음은 현실적으로 보다 더 많은 재물을 추구하려는 2차적·적극적 동기로 점차 발전합니다. 빈의 부정이라는 방어적 동기에서 점차 보다 많은 재물을 탐내는 부익부富益富, 다다익선多多益善의 공격적인 동기로 발전하게 됩니다. 부를 추구하는 마음은 가난한 사람에게나 부자에게나 매한가지입니다. '근대화'를 하겠다고 바둥거리는 우리나라 사회상을 '완전히 두 계층으로 갈라져 있는 걸'로 도려내 보인 어느 작가의 다음과 같은 말은 그대로 옛날 우리나라의 전통 사회를 설명하는 말로도 들어맞는다고 하겠습니다.

"밥을 굶지 않기 위해 별의별 짓을 다하는 계층과 돈을 벌기 위해

별의별 짓을 다하는 계층이에요. 전자는 죽지 않고 살아야 한다는 것 때문에 어떤 짓을 하든 상관없다고 생각해요. 후자는 더 많이, 더 많이 돈을 벌어야 되겠다는 조바심 때문에 온갖 짓을 다해요."[7]

아무것도 가지지 못했기 때문에 일단 처지가 바뀌게만 된다면 아무 것도 가리지 않고 모든 것을 다 가지고 싶어 하는 탐욕貪欲이 생깁니다. 그래서 우리나라 고전 문학에서 부를 정형화定型化한 묘사를 보면 모든 것을 선별 없이 다 갖추어 대는 일종의 망라주의·나열주의의 표현이 흔히 눈에 띕니다.

가령 『옹고집전』을 보면 석숭石崇의 부유와 도주공陶朱公의 성세를 부러워하지 않을 정도의 주인공이 누리는 부를 설명하기 위해서 그의 마당 꾸밈새를 이렇게 적고 있습니다.

앞뜰에 노적露積이오 뒤뜰에 장옥墻屋이라, 울밑에 벌통 놓고 오동 심어 정자 삼고, 송백 심어 차면遮面하고, 사랑 앞에 연못 파고, 연못 위에 석가산石假山을 무어 놓고 석가산 위에 일간 초당을 지었으되, 네 귀에 풍경이라, 경경耿耿히 맑은 소리 풍편風便에 흔들리고, 못 가운데 금붕어는 물결 따라 뛰노는데 동정에 모란화는 반만 피어 너울너울 왜철죽 진달래는 아주 피어 삼월 춘풍 모진 바람 되게 맞어 떠러지고 서편의 앵도화는 단장 안에 너울너울 연산홍 자산홍은 물에 비치어 방금작작 웃어 있고 매화 도화 만발한데 사랑치레 찬란하다.[8]

또 〈춘향전〉의 춘향 어미가 사또 댁의 이도령을 사위로 맞아들일 것을 생각하고 주효酒肴를 차려 오는 대목을 보면, 그것은 며칠을 굶어 허기진 사람들이 환각에서나 보는 신기루의 세계를 그려 내놓은 것만 같은 먹세 타령의 장광설입니다.

 ……주효를 차릴 적에 안주 등물 볼짝시면 괴새도 정결하고 대양판 가리찜, 소양판 제육찜, 풀풀 뛰는 숭어찜, 포도동 나는 메추리탕에 동래 울산 대전복, 대모 장도 드는 칼로 맹상군의 눈썹체로 어슥비슥 오려 놓고, 염통 산적, 양 볶이와 춘치자명春雉自鳴 생치生雉 다리, 적벽대전 분원기分院器에 냉면조차 비벼 놓고, 생율 숙율熟栗, 잣송이며 호도, 대추, 석류, 유자, 준시, 앵두, 탕기湯器 같은 청실리青實梨를 칫수 있게 괴었는데…… 9

 인용이 길어져 숨이 찰 지경이나 한국적인 부의 추구에 있어 특징적이라 할 망라주의, 최고주의의 좋은 보기라 할 만합니다.
 그러나 따지고 보면 이처럼 무선별한 재화의 추구가 빚어내는 한국적인 부의 망라주의와 나열주의 또는 '제일'과 '최고'만을 찾는 졸부의 속물근성은 『옹고집전』이나 『춘향전』의 옛날에만 있었던 지나간 얘기라고 하기도 어려울 것 같습니다. *

---

 * 문학평론가 유종호(柳宗鎬) 교수는 관련 사항을 모조리 주워섬기는 나열주의는 우리 문학과 동양 문학의 관습(convention)이란 사실을 사신(私信)을 통해 알리면서 필자를 계몽해 주었

몸에 좋고 보양補陽이 된다면 지렁이에서 코브라까지 바다 멀리에서 수입해 오는 장사가 흥청거리고, 홍콩제 진짜·가짜 녹용과 알래스카산 진짜·가짜 웅담이 엄청나게 비싼 값으로 잘도 거래가 되고 있는 것이 현대 한국의 세정世情이기도 합니다. 시류 세속을 예리하게 야유하는 당대의 비판적 지성 김지하 시인은 1970년대의 유신체제하에서도 다음과 같은 풍자시를 적고 있었습니다.

…….
하아얀 눈이 소복 소복 소복
종소리 은은히 울려 퍼지는 聖誕節 성탄절 밤에
尻官 고관이 옷을 입는다.
하아얀 눈보다도 더 쎄하얀 메이드 인 유 에스 에이
팬츠를 입고 런닝을 입고
내의를 입는다 락타의 털내의를

---

습니다. 그러한 사례는 백석(白石)의 초기 시나 유산가(遊山歌) 같은 데서도 볼 수가 있으니 부의 추구에서 탐욕스러움을 나타내는 망라주의 묘사는 동시에 문학적인 나열주의의 관습을 채용한 것으로 볼 수 있다는 것입니다. 문학은 자연의 모방이면서 동시에 관습의 답습이라는 유 교수의 설명은 설득력이 있습니다. 다만 한 가지 부언해 두고자 하는 것은 우리들의 나열주의 습성은 문학적인 관습을 넘어 보다 일반적인 문화 행태로 끈질기게 유지되고 있다는 사실입니다. 좁은 밥상에 스무 가지가 넘는 반찬 접시가 오르는 한정식의 차림이 그렇고, 300가지가 넘는 광복 50주년 기념 문화 행사, 관중의 수용 한계를 넘어 버리는 각종 국제 스포츠 대회의 개막 식전 프로그램 편성의 사례들이 또한 그렇습니다. 이에 대해서는 최정호, 「한정식과 한국문화-다다익선의 망라주의」(『한국의 문화유산』, 나남출판, 2004, 375~382쪽) 참조.

털양말을 신고 또 한짝 털양말을 신고

하아얀 눈보다도 더 쌔하얀 大丸오오마루 高島屋다카시마야의 와이셔
츠를 입고

빠리에서 사온 넥타이를 메고

파아란 西湖서호보다도 더 새파란 支那翡翠지나비취의 카우스보탄을
익숙하게 끼우고

탕가니카의 루비핀을 넥타이에 익숙하게 끼우고

바지를 입는다 스콧취의 毛織모직바지

까아만 봐그너의 밤보다도 더 새까만 바지위에

콩고産산 악어혁대를 두른다 조끼를 입고 황금의 월쌈 빛나는 조끼
를 입고

아아 참 香水향수

夜間飛行야간비행과 토스카에

오늘은 라벤다와 갸라를 섞어 그 위에

자스민을 조금 그린 노트를 약간

타부를 한 방울만

⋯⋯10

책은 안 읽어도 비싼 전집들은 거실의 벽을 장식해야 되고, 제주도
절구통이 차茶 탁자로 좋다 하면 제주도 절구통이 바닥이 나고, 누구
그림이다 하면 그림을 들여다보지도 않은 채 전시회가 개막도 되기
전에 전 작품이 매진되어 버리고, 다시 그림 값은 작품의 좋고 나쁜 것

을 따지지 않고 아파트의 평수처럼 오직 크기에 따라 호당호가號當呼價
로 '세계 제일'의 비싼 값에 거래되고, 평소 음악은 듣지 않아도 오디
오 시스템은 최고의 것으로 장만해야 되고, 음악회 같은 데엔 담을 쌓
고 살던 사람들이 '세계 정상'의 누구 왔다 소문이 나면 제일 비싼 입
장권부터 찾아 우선 매진시켜 버리는 것이 또한 오늘의 우리들 시속時
俗이기도 합니다.

# 3

## 정신적 무선별의 망라주의

가장 좋은 것은 빠짐없이 두루 망라한다는 이러한 욕망이 물질적인 가치관을 나타내고 있음은 물론입니다. 그리고 이러한 '부'의 물질주의는 '수'의 현세주의와 더불어 한국인의 복사상의 바탕을 이루는 한국적 현실주의의 두 기둥이라고 할 수 있습니다.

그러나 부에 대한 소망이 추구하는 무선별의 망라주의는 비단 물질적인 대상에서 정지하지 않고 때로는 그를 넘어 인격적인 혹은 정신적인 차원의 세계에까지 번져 가고 있는 것만 같습니다. 가령 김만중金萬重의 소설 『구운몽』九雲夢에서 보는 주인공 양소유楊小游의 인품에 대한 다음과 같은 서술을 보지요.

"소유 14, 5세에 이르러는 얼굴은 반악潘岳(중국 진대晉代의 미남) 같고 기상은 청련靑蓮(이태백李太白의 아호雅號) 같고 문장은 연허燕許(당대唐代의 연국공燕國公과 허국공許國公) 같고 시재詩才는 포사鮑謝(진대晉代의 시인 포조鮑照와 서영운謝靈運) 같고 필법筆法은 종왕鐘王(진대의 명필) 같고 제자백가諸子百家와 육도삼략六韜三略(병법兵法의 고전古典) 활쏘기와 칼쓰기를 정통치 아니한 것이 없으니 진실로 여러 대 수행하는 사람이라 세상 속자俗子에 비할 바 아니러라."[11]

하긴 소설 『구운몽』의 주인공 양소유는 본시 이 세상 사람이 아니라 육관대사六觀大師의 수제자 성진性眞이 선계仙界에서 잠시 인간 세계로 놀러 나오기 위해 '하늘 사람으로 적강謫降한 존재'이기 때문에 역대 제1의 미모와 문장, 필법과 병법을 두루 갖추고 있을 수 있다고 그냥 덮어 두기로 합시다.

그러나 〈심청전〉의 이런 대목은 어떨지요. 먼저 거기에는 일점혈육 없음을 개탄하는 심학규의 넋두리를 듣고 심 봉사의 마누라 곽씨 부인이 그날부터 품을 팔아 온갖 재물과 정성을 들여 공들이는 사설이 펼쳐집니다.

"명산대천 신령당, 고묘古廟 총사叢祠 석왕사釋王寺에 석불釋佛보살 미륵님전彌勒任前 노구마지 당짓기와 칠성불공 나한불공 백일산제 제석불공 가사시주袈裟施主 연등시주 창호시주 신중信衆 마치 다리 적선 길닦기와 집에 들어 있는 날도 성주·조왕·터주·제신諸神 가까스로

다 지내니 공든 탑이 무너지며 힘든 나무 부러지랴."[12]

이렇게 공을 들여 만득晩得한 딸이 이번에는 불전에 시주하면 아버지 눈을 뜨게 할 수 있으리라는 공양미 300석을 마련케 해 달라고 비는 대목이 다음과 같습니다.

상천일월 성신이며 하지 후토 성황 사방지신, 제천제불 석가여래 팔금강보살 소소감응하옵소서.[13]

그야말로 좋다는 것은 불교의 모든 불공, 모든 시주 다 해보고, 무교의 온갖 귀신 잡신 다 섬기고, 게다가 조상의 오래된 사당까지 받들어 모시자는 이것은 정성과 정령의 또 다른 망라주의라 할 수 있습니다. 물론 불교의 불공이며 시주가 무교의 귀신, 잡신 섬기기와 자연스럽게 이어지는 현상은 거기에 현세적인 삶을 위한 무교와 불교의 습합習슴 현상을 보기도 하고 혹은 모든 외래의 고등 종교를 기복祈福 종교화하는 우리나라의 무속적인 기층문화를 보기도 하는 풀이 등이 가능합니다.[14] 그러나 그와 함께 한국의 다신론적 내지는 범신론적인 신앙현상은 좋은 것은 무엇이든 두루 갖추고자 하는 한국적인 부의 추구가 물질적인 차원에서 관념적인 차원으로 전위轉位한 결과라고 볼 수도 있을 것입니다.

옥황상제도 지존한 분이시니 좋고 그래서 모셔야 되고, 부처님도 지존한 분이시니 좋고 그래서 모셔야 되고, 공자·맹자도 지존한 분이

시니 좋고 그래서 모셔야 되고, 그 외에도 나에게, 우리 집에 복을 내려 주는 귀신이 있다면 다 지존한 분이시니 좋고 그래서 모셔야 된다는 이러한 신앙심의 망라주의와 신앙 대상의 다다익선주의는 일종의 한국적인 다신교 내지는 범신교 현상이라고 해야 할 것입니다.

만약에 여기에 기독교까지 일직 들어와 있었더라면 예수님도 지존한 분이시니 좋고 그래서 모셔야 된다고 또 보자기를 펼 수가 있는 것인지…….

서양에서 기독교의 구교와 신교가 공존하기에 이르기까지 수십 년, 수백 년에 걸쳐 피비린내 나는 종교 전쟁이 거듭되었던 것에 견주어 본다면, 불교도·유교도·천주교도·개신교도가 다 같이 저마다 수백만 명씩을 헤아린다는 우리나라에서는 서양에서보다 훨씬 많은, 훨씬 이질적인 종교들이 평화롭게 공존 군거群居하고 있다는 사실이 주목되지 않을 수 없습니다. 이럴 경우 한국인의 '정치적 비非관용성'과는 판이한 '종교적 관용성'에 대해선 나름대로 어떤 설명이나 해석을 해 줄 수 있어야 하지 않을까 생각됩니다.*

---

* 정치적 비관용성과는 판이한 '종교적 관용성'에 대해서도 유종호 교수는 그것이 한국만의 특수 현상이 아니고 일본 등 동아시아 일반에 어느 정도 공통적으로 해당되는 현상 같다는 귀중한 시사를 해 주셨습니다. 우리나라에선 유동식 교수가 지적한 모든 고등 종교와 습합(習合)하는 한국 무속(巫俗)과 마찬가지로 마루야마 마사오(丸山眞男) 교수는 시대에 따라 그때그때 유력한 종교와 '습합'해 온 일본 신도(神道)의 '무한 포용성'과 '사상적 잡거성(雜居性)'을 비판하고 있습니다.(丸山眞男, 『日本の思想』, 東京: 岩波新書, 1961·1968, 20~21쪽)

요즈음에는 우리나라 가정엔 부부간에 종교가 다른 경우는 조금도 예외라 할 것조차 없습니다. 어느 집안에선 아버지는 제사를 지내고 어머니는 절에 다니고 아들은 예배당에 나가고 딸은 성당에 나간다는 것을 '자랑'하는 경우도 있습니다. 아니 그보다 더욱 그윽한 얘기도 있습니다. 가족끼리 나눠 믿는 것이 아니라 혼자 몸으로 그 모든 것을 믿는 사람도 있다는 것입니다.

"모든 걸 다 믿고 빌고 공을 들인다면 결국 어느 하나는 맞아들 것이 아니겠소" 하는 것이 그 범신론자의 '신앙 고백'이라는 것입니다. 무선별한 '부'의 망라주의라고 하는 물질적인 지반 위에 이루어지는 범신론적인 정신의 상부 구조라고나 해야 할 것인지…….

그러나 모든 것을 믿는다는 것이 무슨 얘기입니까? 결국은 아무것도 제대로 믿지 않는다, 안 믿는다는 얘기가 아닙니까?

그렇다면 얘기가 맞아떨어집니다. 한국적인 다신론, 범신론이란 바로 한국적인 무신론의 다른 얼굴입니다. 우리나라 사람들의 복사상의 바탕에 깔려 있다고 본 '깨어 있는' 멀쩡한 마음이란 본시 믿음의 도취 상태에서도 깨어나 있는 멀쩡한 마음입니다. 그것은 정치적인 광신에도 인연이 없는 마음일 뿐만 아니라 종교적인 광신에도 인연이 없는 마음의 상태입니다. 믿지 않는 멀쩡한 마음이 아니고선 어떻게 그리 한꺼번에 여러 것을 믿는다는 말입니까. 사랑하지 않는 멀쩡한 사람이 아니고선 어떻게 그리 한꺼번에 여러 이성을 사랑한다고 할 수 있겠습니까.

사랑의 다신론의 배후에 사랑 아닌 멀쩡한 육체가 있을 뿐이라면,

믿음의 다신론 밑바탕에는 믿음 아닌 멀쩡한 정신이 도사리고 있다고 할 것입니다.

바로 그처럼 사랑이나 믿음 같은 세계에선 멀쩡하게 깨어나 있는 무신론 속에 그러나 복의 사상은 굳혀지고 지탱되고 있다고 볼 수 있겠습니다.

주

1 WalterBrugger(Hrg.), Philosophische Wörterbuch, Herder 1981, Freiburg, Basel, Wien, 175쪽.

2 朴趾源,『許生傳』(李宗源 校注,『李朝漢文小說選』, 韓國古典文學全集 5), 普成文化社, 1978, 153쪽.

3 『홍부전』(韓國古典文學大全集 1권), 서울: 世宗出版公社, 1970, 250쪽.

4 『심청전』, 212쪽.

5 李基文 編注,『歷代時調選』, 1973, 38쪽.

6 『春香傳』(韓國古典文學全集 2), 普成文化社, 1978, 53쪽.

7 朴泰洵,『낮에 나온 반달·定處』(韓國文學全集 77), 三省出版社, 1972, 118쪽.

8 『壅固執傳』(韓國古典文學大全集 1권), 서울: 世宗出版公社, 1970, 313쪽.

9 『春香傳』, 60~63쪽.

10 김지하 長詩,「蜚語」(『創造』通卷 26권 4호, 1972년 4월호), 120~121쪽.

11 鄭炳昱·李承旭 校注,『九雲夢』(韓國古典文學全集 3), 普成文化社, 1978, 27쪽.

12 『沈淸傳』, 200쪽.

13 같은책, 213쪽.

14 柳東植,『韓國巫教의 歷史와 構造』, 서울: 延世大學校出版部, 1975 참조.

# 5장

# 다남(多男)의 소망과 여성의 소임

새라 새 옷은 갈아입고도

가슴엔 묵은 설움 그대로

김소월 金素月

# 다남(多男)의 소망과 여성의 소임

수壽·부富의 복에 이어 귀貴의 복을 살펴볼 차례입니다만, '귀'의 문제에 관해서는 할 얘기가 너무 많을 듯해서 순서를 바꿔 다남多男의 복에 관한 얘기를 먼저 해볼까 합니다.

궁극적으로는 인간도 자연입니다. 사람의 몸은 자연입니다. 그렇기에 자연이 꽃을 피우는 것처럼 사람도 꽃을 피웁니다. 청춘은 인생의 꽃입니다. 꽃이 열매를 낳는 것처럼 사람의 청춘도 꽃의 열매를 내놓습니다. 새 생명의 탄생이 그것입니다. 아이를 낳는다는 것은 인간 자연의 결실이요 축복입니다. 이것은 하나도 새로운 것, 새삼스러운 것이 아니요, 별스런 것이 아닙니다.

별스런 것이 있다면 모든 목숨이 암수로 갈라져 양성 조화를 이루는 자연계에서 오직 한쪽의 성性만을, 그냥 아이를 낳는 것이 아니라

오직 샅에 고추를 단 사내아이를 낳아야만 복이라 생각한 '기자신앙'
祈子信仰입니다. 우리들의 전통적인 복의 개념에 내포되어 있는 '다남
자'의 복사상이 곧 그것입니다.

내 목숨의 수, 내 집의 부, 내 집안의 귀를 비는 복사상은 이제 '다남
자'를 빎으로써 새로운 차원을 얻게 됩니다. 당대의 복에서 차대次代
의 복으로, '지금'의 것에서 '다음'의 것으로, 말하자면 다남의 기복을
통해서 복은 세대와 세대를 이어 가는 시간의 차원으로 진입해 들어
가는 셈입니다.

그뿐만 아니라 사람의 양성 가운데서 오직 한쪽의 성, 남성만을 선
호하는 이 다남의 복의 희구는 바로 그럼으로 해서 역설적으로 한국
적인 '복'의 성립과 완성, 복의 운영과 수성을 위해 비로소 여성을 끌
어들이고, 여성들의 참여와 역할에 큰 비중을 두게 됩니다.

'수'는 처음부터 아무도 대신해 줄 수 없는 당자만의 복이기 때문에
젖혀 놓고 본다면, 가족 집단의 공동체적인 복으로서 많은 돈을 벌고
높은 벼슬을 한다는 '부'와 '귀'는 전통 사회에서는 다 같이 남성들의
역할에 그 성취의 책임이 지워졌습니다. 그에 대해서 남자아이를
낳아야 한다는 득남得男의 '복'은 일차적으로 여성들의 역할에 그 성
취의 책임이 전가되어 왔습니다.

전통 사회에서 시집을 가고서도 아이를 못 낳는 여성, 아이는 낳아
도 아들을 못 낳는 여성의 설움과 아픔은 그것을 기록한 많은 문헌들
을 통해서 잘 알려지고 있습니다. 우선 판소리 문학의 두 대표작이라
고 할 수 있는 〈춘향전〉과 〈심청전〉은 다 같이 이 자식 없는 설움의 한

탄에서부터 시작하고 있습니다.

……무삼 죄가 진중하여 일점혈육이 없었으니 육친무족六親無族 우리 신세 선영先塋 향화香火 뉘라 하며 사후 감장死後勘葬 어이하리……[1]

퇴기 월매가 성가라는 양반과 더불어 세월을 보내되 사십이 가까워 오도록 한 점의 핏줄을 보지 못해 장탄수심長歎愁心에 빠져서 하는 넋두리입니다. 한편 〈심청전〉을 펼쳐 보면 그 첫머리에 심학규의 가슴에 한 가지 억울한 한을 품은 것이 슬하에 일점혈육이 없다는 사정, 그래서 마누라를 곁에 불러 다음과 같이 하소연하는 대목이 보입니다.

……우리가 연광年光이 사십이나 슬하에 일점혈육이 없어 조상 향화를 끊게 되니 죽어 황천에 돌아간들 무슨 면목으로 조상을 대하오며…… (중략) 병신자식이라도 남녀 간 낳아 보면 평생 한을 풀 듯하니 어찌하면 좋을는지 명산대천에 정성이나 들여 보오.[2]

이러한 심 봉사의 넋두리에 마음씨 착한 곽씨 부인이 하는 대답이 고전적인 한국 여인의 그것입니다.

……옛글에 있는 말씀 불효삼천에 무후위대無後爲大라 하였으니 자식 두고 싶은 마음 뉘 없아오니까, 소첩의 죄가 응당 내침 즉 하오나……[3]

이렇듯 부부 사이에 자식이 없다는 것은 진중한 죄요, 불효삼천에 무후위대요, 내침(쫓겨남)을 당함이 마땅한 죄요, 억울한 한이었던 것입니다.

# I

## 생산성 위주의 여성관

오늘날처럼 부부 중심의 가정이 아니라 한 울타리 안에서 몇 대가 공존했던 전통 사회에서는 자식이 있느냐 없느냐 하는 것은 복이 있고 없고 하는 문제에 앞서 바로 가족의 성립 여부에도 직접 연관이 되는 근간적인 중요성을 가졌던 것 같습니다. 결혼 생활을 아무리 오래 해도 자식 없는 부부만으로는 가족이 아니라고 보는 인류학자도 있는 모양입니다. 따라서 한 쌍의 부부는 자녀가 있음으로 해서 비로소 완전한 가족을 이룬다는 것입니다.[4]

이처럼 다남자의 복을 빌던 전통 사회의 한국 가정에서 일차적으로 중요한 것은 아이를 낳는 것이지 부부간의 애정이 아니었습니다. 혹은 부부 관계란 아이를 얻는 '목적'을 위한 '수단'에 불과했다고도 할 수 있습니다. 서로 사랑하기만 하면 아이는 있어도 좋고 없어도 좋은 것이 아니라, 오히려 아이만 낳는다면 사랑은 있어도 좋고 없어도 좋다는 것이 전통 사회의 부부 관계요 가족제도였다 하겠습니다.

더욱이 옛날의 결혼처럼, 당사자들끼리 파트너를 자유롭게 선택한 연애 관계의 결실로서가 아니라 당사자들의 의사는 아랑곳없이 부모들의 결정으로 이루어지는 중매 혼인의 경우, 며느리를 고르는 시부모들의 가장 큰 관심사는 아들을 낳을 수 있어야 한다는 것이었습니다. 그래서 애정이나 미모보다는 아들을 왕성하게 낳을 수 있는 '자왕상' 子旺相이 며느리를 고를 때 관상을 보는 중요한 기준이 되기도 했습니다. 눈매가 길게 갸름하고 그 눈 끝이 젖어서는 안 된다든지, 엉덩이가 크게 퍼지고 배가 커야 한다든지, 얼굴 형상이 거위나 벼룩처럼 모나야 한다든지, 젖꼭지가 검고 단단해야 한다든지, 배꼽이 깊고 뱃가죽이 두툼해야 한다든지 하는 따위가 자왕상을 보는 여상법女相法의 보기들이었습니다.[5] '생산성'을 위해 여성의 '심미성' 같은 것은 여지없이 무시해 버린 여상법이라 할 수 있을 것입니다.

해변의 바캉스나 비키니 수영복도 없었던 그 옛날에 규수의 배꼽 깊이까지 살피려면 옛날 중매쟁이 아줌마의 고초도 만만치 않았으리라 짐작이 갑니다. 아무튼 그러한 자왕상을 위주로 하는 여성관에서는 애정과 함께 '심미성'도 '생산성' 앞에서 여지없이 희생되고 만 것 같습니다.

어떻게 보면 이러한 생산성 위주의 여성관, 부부관을 가장 급진적으로 관철한 주장은 조선조 실학의 대가 성호星湖 이익李瀷의 소론이 아닌가 여겨집니다. 그는 남녀 간의 성性 문제를 다룬 논의에서 성행위에 관한 한 사람은 짐승만도 못하다는 극단론을 전개하고 있습니다. 그 증거로는 짐승은 성도덕을 엄격히 지키고 서로 간음하는 일이 없으며 또 암컷의 임신 중에는 수컷은 성행위를 삼가는데, 사람은 오히려 임신 중에도 삼가지 않을 뿐만 아니라 본처 외에 첩을 두고 그것도 부족해 타인의 배우자를 범하며 처가 늙으면 젊은 첩을 얻지 않느냐는 것입니다. 그러면서 생산성 위주의 부부관에 근거해 그렇지 않아도 이미 설 자리가 없는 심미론적 여성관에 최후의 일격을 가하고 있습니다. "짐승은 배필을 맞이할 때 얼굴이 예쁘고 미움을 가리지 않는데, 인간은 예쁘니 미우니 하고 선택하니 짐승만도 못하다"는 소론이 곧 그것입니다.[6] 심미성은 생산성을 위해 양보해야 하는 정도가 아니라, 여성의 용모에서 미추를 따지는 심미성이 인간을 금수 이하로 떨어뜨리는 수작이라 단죄를 하고 있는 셈입니다.

이것은 농담이 아니요, 웃을 일이 아닙니다. 전통 사회에서 여자가 시집을 가서 아이를 못 낳는다는 것은 단순히 심정적인 차원에서가 아니라 현실적인 차원에서 '진중한 죄'요, 그 당자에게는 치명적인 불행이 되어 왔던 것입니다.

# 칠거지악과 기자(祈子) 풍습

이익의 『성호사설』에는 우리나라의 국법에 아내를 내치는 '출처'出妻의 율문律文이 없음을 한탄하는 대목이 있습니다. 이혼의 법이 없었기 때문에 양반이 아내를 내보내려면 임금에게 특청을 해서 윤허를 얻어야 했으니, 그게 쉽지 않았던 모양입니다. 요즈음의 안목에서 본다면 매우 권위주의적이요, 반反여권론적인 금욕주의자 이익은 이 점에 대해서 다음과 같이 불만을 터뜨리고 있습니다.

"……풍속이 아주 변해서 가정이 규방에 있으면서, 천 가지 허물과 만 가지 악한 것도 다시는 금제禁制할 수 없게 되었다. 만약 그렇다면 성인의 예를 마련하면서 어찌 부인네를 위해서 깊이 염려하지 않고 일곱 가지 내침[七去]이라는 글만을 남겼음은 무엇인가. 도둑을 다스리는 데, 혹 형刑을 함부로 해서 양민이 피해를 받는 일이 있으나 이런 것으로 인해서 드디어 도둑 잡는 율문律文을 없앴다는 것은 듣지 못했다……"7

억울한 사람이 남의 누명을 쓰고 희생이 되는 일이 있더라도 도둑 잡는 율문이 있어야 하는 것처럼, 억울한 아내가 죄를 뒤집어쓰고 내 쫓기는 희생이 있더라도 이혼의 율문이 있어야 하지 어찌 '칠출지문' 七出之文만으로 자족하고 있을 수 있겠느냐는 주장입니다.

그러나 이 칠출七出의 조문이라는 것이 실은 만만치 않은 것입니다. 그것은 생산성 위주의 여성관이 결과한 가장 비정非情한 관습의 조목 들입니다. 흔히 '칠거지악'七去之惡이라 일컬어 지아비가 아내를 내칠 수 있는 조목으로 들고 있는 것을 보면, 첫째 시부모에게 순종하지 않음, 둘째 아들 못 낳음, 셋째 음淫함, 넷째 투기〔嫉妬〕함, 다섯째 나쁜 질병 가짐, 여섯째 말 많음, 일곱째 도둑질함입니다.8 우리에게 특히 흥미를 끄는 것은 아들을 못 낳는 것을 칠출의 두 번째 조목으로 꼽고, 투기를 세 번째 조목으로 꼽고 있다는 점입니다.

여자가 시집가서 아들을 낳지 못하면 내침을 당하는 두 번째 조목이었기 때문에 아들을 낳는다는 것은 아내의 긴요하고 절실한 소망이 아닐 수 없었던 것입니다. 민속에서는 돌부처 코를 떼어 가루를 내어 먹으면 아들을 낳을 수 있다는 미신이 있어 아낙네들은 석불이나 마애불을 찾아가 그 코를 깎아 돌가루를 먹기도 했습니다. 코를 남자의 성기로 유감類感한 데서 나온 이 애틋한 기자祈子 풍습은 오늘날 이 땅

도처에서 발견되는 무비無鼻 석불의 유래로 알려지고 있습니다.[9]

그러나 그것은 조선 시대의 옛 풍속으로 끝이 난 것은 아닙니다. 개화-근대의 온갖 '새라 새 옷은 갈아입고도', 득남을 바라는 아내의 간절한 마음과 투기를 이기는 아내의 갸륵한(?) 설움은 쉽게 바람이 바뀌지 않고 있는 듯싶습니다.

아들을 낳는다는 것이 전통 사회에서 여자의 궁극적인 소임이요 소망이었다는 것은 위로는 군왕의 비빈妃嬪에서부터 밑으로는 여염집의 아낙네에 이르기까지 다를 바가 없었습니다. 『한중록』을 보면 혜경궁 홍씨가 왕자를 낳자 영조는 크게 기뻐해서 "……네 몸에 이 경사慶事 있으니 네 나라에 유공有功함이 측량없다"[10]고 치하를 하고 있습니다.

세자빈으로서 아들을 낳는다는 것은 국가에 대한 공으로 여겨지기까지 했음을 알 수 있습니다.

"효자는 백행지원百行之源이라"[11]고 해서 백 가지 행복의 근원이 부모에게 효도하는 아들에서부터 비롯된다고 보았기 때문에, 그리고 특히 여자의 운명에 있어서는 "여자의 장부丈夫를 좇음은 종신終身의 대사大事라 일생 영욕과 고락이 달렸으니……",[12] 그러한 아들을 낳는다는 것은 그 책임을 걸머진 여자들의 절실한 소망이요 '평생의 큰일'이었던 것입니다.

아이를 못 낳은 것이 아내 탓일 수도 있겠으나 또한 남편 탓일 수도 있는데도 그것을 일방적으로 아내에게만 책임을 돌리는 것도 온당하다고 할 수는 없습니다. 거기에 더해서 아내의 '정일행'貞一行을 귀중히 여긴 점에서는 '천하 다른 나라에는 없는 일이요, 또 중화中華의 습속도 따르지 못하는 일'[13]로 치부해 놓고서도 남편이 첩을 거느리고 정이 옮아 가거나 혹은 방탕해서 외도를 하는 데 대해서는 아내로서 투기심을 내는 것조차 출처의 조건으로 잡는다는 것입니다. 그래서 "세상에 이렇듯 불공평 부자연한 일은 다시 없을 것이로다"[14]라고 19세기 중반에 태어난 풍속사가風俗史家조차 개탄을 하고 있습니다.

그러나 이것은 조선 시대의 옛 풍속으로 끝이 난 과거의 얘기가 아닙니다. 개화 이후, 근대화 이후의 온갖 세정의 새로운 바람에도 불구하고 득남을 바라는 한국인의 간절한 마음과 투기를 이겨야 하는 한국 여성의 갸륵한(?) 설움에는 바람이 쉽게 바뀌지 않고 있는 듯싶습니다. 1950년대 말부터 1970년대까지 실시된 여러 사회 조사를 보면, 우리나라에서는 아직도 서울의 경우 부인들의 25퍼센트가 만일 아들이 없으면 아들을 얻기 위해 남편이 첩을 얻더라도 그것을 승낙하겠다고 대답하고 있었습니다. 이러한 반응은 농촌 부인의 경우엔 더욱 강세를 보여 50퍼센트가 남편의 축첩 행위를 인정한 것으로 보고되고 있습니다.[15]

소수자의 득의, 득세 밑에 다수자는 그 그늘에서 빼앗기고 짓밟히고 숨을 죽여 살아야 했던 옛날에 있어선 수, 부, 귀를 희구하는 기복 사상은 1차적으로 다수자들이 빠지기 쉽고 또 빠지는 요夭, 빈貧, 천賤의 처지에서 벗어나려는 탈출 동기에 의해서 채찍질되어 왔다는 사실을 여러 차례 얘기했습니다. 그와 마찬가지로 '다남자'의 소망도 역시 '무자식', '무후사'無後嗣의 설움에서 안타깝게 벗어나려고 하는 탈출 동기가 그 배경에 있다는 것을 살펴보았습니다.

당장 일점혈육이 없는 아쉬운 궁지에 있을 때엔 아무것도 가릴 겨를이 없습니다. 병신자식이라도 좋고 아들, 딸도 가리지 않겠다는 심 봉사의 하소연이 그것입니다. 이것이 첫째 단계입니다.

그러나 '뒷간에 갈 적 마음 다르고 올 적 마음이 다른 것'이 야속한 사람의 심사입니다. 아무거나 낳아 보면 '평생 한을 풀 듯' 하다던 심 봉사 앞에 막상 딸을 낳아 놓자 이번에는 곽씨 부인이 "만득晚得으로 낳은 자식 딸이라니 절통하오" 하면서 서운해 합니다. 이것이 둘째 단계입니다.

첫째 단계는 죄罪, 화禍요 불행임에도 다른 말할 여지가 없으나, 그렇대서 둘째 단계로 곧 죄를 씻고 불행에서 벗어나는 복이 되는 것은 아닙니다. 거기에는 올라서야 할 또 하나의 단계, 사내아이를 낳는 셋째 단계가 있습니다.

딸을 낳음으로 해서 불임不姙의 여성이 아니라는 것을 입증했으면, 바꿔 말하면 일단 아내의 생산성이 입증이 되었으면 다음에는 사내아이를 생산해야만 비로소 아내는 혹은 며느리는 복을 위한 스스로의 소임을 다하는 것이 된다는 얘기입니다.

아들을 바라는 어버이의 소망을 한국 전통 사회에만 고유한 것으로 본다는 것은 편견이라고 해야 할 것 같습니다. 이능화李能和의 『조선여속고』朝鮮女俗考(1926년 간행)와 비슷한 시기에 간행되어 당시 유럽과 미국 사회에 큰 파문을 일으켰던, 도전적이자 계몽적인 러셀B. Russell의 저서 『결혼과 도덕』(1926년 초판)을 보면 『성경』의 창세기 이래 사람들은 많은 자손을 소망하고 있었다고 다음과 같이 적고 있습니다.

"자식의 증식은 양이나 소의 증식과 마찬가지로 이익이 되는 일이었다. 그 까닭으로 해서 그 당시엔 에호바의 신이 사람으로 하여금 늘어나고 불어나라고 명령했다."[16]

러셀에 의하면 가부장제 사회에서는 자식이 『성경』에서 말하는 자기의 '씨'라는 것을 인식하게 되자마자 아버지의 자식에 대한 감정은 두 가지 요인에 의해서 강화되었다는 것입니다. 하나는 권력에 대한 사랑the love of power이요, 다른 하나는 사후에 살아남고자 하는 욕망the desire to survive death입니다. 사람들은 자기 자손들의 성공을 어떤 의미에선 자기의 성공이라고 생각했으며, 그럼으로써 사람의 포부는 무덤에서 끝나는 것이 아니라 후예들의 생애를 통해서 무한하게 연장될 수가 있다고 보았던 것입니다.[17]

# 3

# 사속 관념, 가문의식, 족보제도

동양에서도 아들을 바라는 마음, 이른바 후사를 잇겠다는 '사속嗣續 관념'은 매우 오래된 것이고 또한 보편적인 문화 현상이었습니다. 그 것은 조상을 공경하고 분향하며 제사 지내는 일을 높이 친 유교의 근 본 숭상 제도에 의해서 한층 강화되었습니다. 특히 가문의식, 족보제 도가 아들을 바라는 '다남자' 사상을 더욱 채찍질한 것입니다. 유교의 시조인 공자孔子도 그의 부모가 딸 아홉을 낳고도 아들이 없어 이구산 尼丘山에 기도해서 비로소 태어났다고 전해집니다. 이로부터 우리나라 에서도 아들을 얻기 위해 명산에 기도하는 풍습이 유래되었다고 설명 되고 있습니다.[18]

그러나 문제는 창세기의 옛날이나 공자의 옛날이 아니라 바로 오늘에까지 이어진 남존여비의 다남자多男子사상입니다. 과거에는 보편적이었으나 현재에 와서는 어디까지나 특수화되어 가고 있는 것이 한국적인 다남자의 복福사상입니다. 이에 관한 서술을 위해서는 인류학적인 내지는 문화사적인 연구에 관한 보다 폭넓은 개관이 필요함은 물론입니다마는 우선 위에서 인용한 글들에서 몇 가지 지적들을 해보는 데 그치겠습니다.

첫째, 문명의 역사는 부권이 서서히 쇠퇴해 간 과정의 기록이며, 부권은 대부분의 문명국에선 바로 유사有史 직전에 그 절정에 이르렀다는 것입니다.(러셀)

둘째, 조상 숭배는 조기 문명의 보편적인 특색으로 일반화하고 있었으나 그러한 문화 현상이 오늘날까지도 지속된 나라들이 중국·일본(러셀), 그리고 한국(!)이라 지적되고 있습니다.

셋째, 조상 숭배보다도 남아 존중의 면에선 한국이 중국, 인도와 함께 세계에서 가장 높은 남아 선호를 보이는 세 나라의 하나로 기록되고 있습니다.(車載浩)

넷째, 한국 사람은 '딸을 이어 낳지 않고 아들만 이어 낳고자' 하며, '남자로서 아들이 없으면 불효'요 '여자로서 아들을 못 낳으면 병이라' 하거나 '심지어는 칠거七去의 한 조목으로'까지 여겼으니 '세계에서 사속嗣續 관념이 가장 강한 것'이 곧 우리 한국 사람이라는 것입니다.(李能和)


지난날 한국에게 득남의 소망, 다남주의는 하나의 '지상 명령'이었습니다. 그 같은 한국인의 삶의 소망, 행동의 동기를 배후에서 줄 잡아 끈 강력한 힘이 복사상이요, 아들에 대한 바람은 바로 이 복사상의 불가결, 불가피한 구성 요인이었습니다.

분석적으로 본다면 복의 개념은 수, 부, 귀, 다남의 네 눈으로 갈라지지만, 현실적으로는 그러한 복의 네 눈이 하나의 그물 속에서 서로 꼬리를 물고 긴밀하게 연결되고 있었습니다. 거기에 복의 구조가 갖는 강인성은 있었습니다. 수를 위해서는 부가, 부를 위해서는 귀가, 그리고 귀를 위해서는 다남이, 다시 다남을 위해서는 수가 전제된다는 점에서 수, 부, 귀, 다남은 동심원同心圓의 둥근 수레바퀴를 돌고 또 돌리고 있다 할 것입니다.

혹은 달리 말해서 수, 부, 귀, 다남이라고 하는 술어적述語的인 표현을 주어적主語的인 표현으로 바꾸어 '자아', '가족', '가문', '후사'로 고쳐 본다고 하더라도 거기에는 역시 '나'라고 하는 동심원의 축軸을 중심으로 해서 '집'이라고 하는 수레바퀴가 나의 '아들'로 해서 '가문'의 대代를 잇는 궤도를 달려가는 원환의 순환 구조를 보게 됩니다. 그러므로 복의 구심적인 핵이 '나'라고 한다면, 그의 원심적인 궤도는 '집'을 벗어날 수가 없다는 한계를 지닙니다.

그러한 복의 추구에서 성性의 역할 분담이 있다고 한다면 그것이 귀와 다남자의 눈이었습니다. 귀를 해서 가문을 빛내는 것이 일차적으로 남자의 소임, 소망이라고 한다면, 아들을 낳아서 가문을 잇는 것은 일차적으로 여자의 소임, 소망이었던 것입니다.

다남자의 사상은 또 다른 차원에서 복 개념의 모든 것을 안고 있는 눈이라고 할 수도 있습니다. 러셀도 지적하고 있는 것처럼 아비가 아들을 사랑하는 감정은 '권력에 대한 사랑', 곧 귀貴의 추구이자 '죽음 후에 살아남고자 하는 욕망', 곧 수壽의 추구를 표현한 것이라고 볼 수 있기 때문입니다. 그럼으로써 다남사상은 수와 그리고 부를 약속하는 귀를 다 같이 바라는 기대 종합이라 할 수 있습니다. 한국 사람들의 삶의 기본 동기로서 복을 비는 마음을 본다는 것은 이제 귀와 다남자의 눈에 이르러 한결 그의 구체화되고 특수화된 전개를 보는 것 같습니다.

요컨대 귀의 사상은 한국 남성들의 삶을 그 생애에 앞서 사전 프로그래밍해 놓았다고 한다면, 다남자의 사상은 한국 여성들의 삶을 그 생애에 앞서 사전 프로그래밍해 놓았다고도 할 수 있습니다. 삶의 행진에 앞서 이미 가야 할 길은 닦여 있었다는 얘기입니다.

주

1 『春香傳』, 3~5쪽.

2 『沈淸傳』, 199쪽.

3 같은 책, 199~200쪽.

4 李光奎, 『韓國家族의 史的硏究』, 서울: 一志社, 1977, 282쪽.

5 李圭泰, 『民俗에 나타난 男尊 思想』, 서울: 行動科學硏究所, 1973, 10쪽.

6 독서신문사 편, 『韓國古典에의 招待』, 서울: 讀書出版社, 1962, 326쪽에서 재인용.

7 李瀷, 李翼成 譯, 『星湖僿說』, 솔출판사, 1981, 201~2쪽.

8 李能和, 金常億 譯, 『朝鮮女俗考』, 大洋書籍, 1975, 160쪽.

9 李圭泰, 앞의 글.

10 『한듕록: 閑中漫錄』(韓國古典文學全集 6), 普成文化社, 53쪽.

11 『彰善感義錄』(韓國古典文學大全集 2권), 世宗出版公社, 111쪽.

12 『九雲夢』, 33쪽.

13 李能和, 같은 책, 163쪽.

14 같은 책, 161쪽.

15 車載浩·鄭範謨·李星珍, 『韓國의 男兒尊重思想』, 서울: 行動科學硏究所, 1975, 11쪽.

16 Bertrand Russell, Marriage and Moral, London, 1967, 19쪽.

17 같은 책, 17쪽.

18 李能和, 앞의 책, 203쪽.

# 6장

# 귀(貴)의 사상

**벼슬과 치부의 일원 구조**

# I

# 모든 것에 내재하는 보편적 가치

한국인의 행복관, 복에 관한 표상 가운데서도 으뜸이 되는 대목, 특히 그 속에 한국적인 특색이 가장 두드러지게 드러나는 것이 '귀'貴의 개념이라 생각됩니다. 예나 지금이나 한국 사람치고 자기 자신을 위해서, 그보다도 자기 자식 혹은 자기 자손들을 위해서 '귀'를 원치 않는 사람은 별로 없습니다. "귀골로 태어났다", "귀격으로 생겼다", "귀태가 있다"는 말은 그래서 누구에게나 듣기 좋은 말이며, 귀에 솔깃한 찬사입니다. 귀인지상貴人之相, 귀공자상貴公子相을 타고났다는 말이 사람들에게 솔깃한 마음을 품게 해 주는 것도 같은 때문입니다.

상대방을 높이는 데 흔히 쓰이는 손쉬운 표현도 '귀' 자를 얹히는 일입니다. 상대방이 개인인 경우에는 귀공·귀관·귀형·귀체貴体……, 집안인 경우에는 귀댁·귀문……, 학교나 회사인 경우에는 귀교, 귀사라 이릅니다. 사람이나 사람들의 모임만이 아니라 그 사람에게서 나온 부품도 역시 귀貴 자를 붙여 높임을 받습니다. 남의 글은 귀간貴簡, 귀서貴書, 귀찰貴札, 귀한貴翰, 귀함貴函이라 하며, 내가 남에게 편지를 보낼 때엔 수신인 이름 다음에 귀하貴下나 귀중貴中이라고 적습니다.

상대방의 뜻을 높여서 귀의貴意요, 남이 먹는 나이도 높여서 귀경貴庚이라 일컫습니다. 사람과는 관계없는 물건도 소중한 것은 귀중품이고 쇠붙이도 비싼 것은 귀금속입니다.

무릇 높은 것, 높여야 하는 것, 드문 것, 흔하지 않은 것, 공경받는 것, 공경해야 하는 것이 '귀'입니다. 고귀한 것, 희귀한 것, 존귀한 것이 '귀'입니다. 그 점에서는 '귀'란 모든 것에 편재偏在하는 속성, 비록 그에 이르는 길이 쉽지는 않다고 하더라도, 그 가능성은 모두에게 열려 있는 보편적인 가치 개념이라고 할 수 있습니다. 사람은 누구나 꾸준히 노력해서 학식을 쌓고 덕망을 쌓으면 남의 공경을 받고 높임을 받는 고귀한 인격, 존귀한 인격이 될 수가 있습니다. 비록 그러한 인격을 닦은 사람의 존재가 희귀하다고는 하더라도 그 가능성은 누구에게나 개방되어 있어 마땅한 것입니다.

2

# 관작, 벼슬로만 이해된 한국의 '귀'

이처럼 보편적·개방적인 가치 개념으로서의 귀가 한국적인 복사상에서는 높은 '지위', 높은 '벼슬', 곧 '관작'官爵으로서만 일방적으로 이해되어 왔습니다.[1] 바로 그와 같은 '귀'의 특수적·폐쇄적인 해석이 어떤 의미에서는 우리나라 전통 사회의 숨 막힐 듯한 숙명이 되어 온 일원적一元的 구조를 이룩하고 지탱해 오지 않았나 생각됩니다.

우리나라 고전 문학에서 구체적인 예들을 들어 보겠습니다.

『춘향전』의 앞머리에는 광한루에서 춘향을 보고 첫눈에 반해서 상사병에 걸린 이도령이 그날 밤 집에 돌아와서 글을 읽어도 도무지 글이 눈에 들어오지 않고 "춘향 입, 내 입을 한데다 대고 쪽쪽 빠니 법중 여呂 자字이 아니냐, 애고애고 보고지고……" 하면서 넋두리 몸살하는 대목이 나옵니다.

그런 낌새도 모르는 이도령의 아버지 이한림李翰林은 제 자식이 불철주야 글만 열심히 읽는 줄 알고 크게 기뻐합니다. 그래서 '되는 소리 안 되는 소리로 아첨하는 것이 직분인 목낭청睦郎廳'을 불러 자식 칭찬을 늘어놓습니다. 그를 받아 목낭청은 사또에게 첨을 합니다. "장차 정승 하오리다."

사또가 너무 감격해서 "정승이야 어찌 바라겠냐마는 내 생전에 급제는 쉬 하리마는 급제만 쉽게 하면 출륙出六(육품六品으로 승진하는 것)이야 범연히 지내겠나……."[2]

아첨꾼의 허튼소리인 줄 뻔히 들여다보면서도 제 자식이 정승의 높은 벼슬을 하리라는 말에 얼을 빠뜨리고 있는 이한림의 저러한 모습은 그러나 자식을 둔 모든 한국 아비의 모습이라 해서 잘못이 아닐 것 같습니다.

결국 '해피엔딩'으로 끝나는 『춘향전』의 대단원에서 어사또 이몽룡의 복락을 노래하는 마지막 구절이 또한 이런 말로 맺고 있습니다.


"서울로 올라가 어전御前에 숙배肅拜하니…… 상이 대찬大讚하시고 즉시 이조 참의, 대사성을 봉하시고 춘향으로 정렬부인을 정하시니 사은숙배하고 물러나와 부모 전에 뵈온대 성은을 축수하시더라. 이후 좌, 우, 영상 다 지내고 퇴사退仕 후 정렬부인으로 더불어 백 년 동락할새 정렬부인에게 삼남 이녀를 두었으니 개개個個이 총명하여 그 부친을 압두壓頭하고 계계승승하여 직거職居 일품一品으로 만세 유전하더라"[3]

정3품의 참의, 대사성에서 영상의 정1품 벼슬로 껑충껑충 뛰어올라 그 뒤로는 자자손손 정1품 벼슬을 했다는 것은 물론 '얘기'지 '사실'은 아니라 할 것입니다마는, 어떻든 그러한 얘기 속에 투영되고 있는 것이 한국 사람들이 '귀'를 바라던 소망, 바로 기복祈福의 내용이었다고 볼 수 있겠습니다

그뿐만이 아닙니다. 우리나라 고전 문학에 등장하는 주인공들은 대부분이 그대로 당시 소설 독자의 대리 체험과 대리 만족을 시켜 주는 '우상'이었다고 볼 수 있겠습니다. 그 우상화를 위한 조건으로 거의 정형화되고 있는 묘사의 하나가 계계승승 높은 벼슬을 했다는 '명문 거족 출신형'입니다.

가령 구상이 참신하고 줄거리도 복잡해서 조선 시대의 가정 소설로선 우수한 작품이란 평[4]을 듣고 있는 『창선감의록』彰善感義錄을 보면, 고전 소설치고는 꽤 긴 이 작품의 첫머리가 이렇게 시작됩니다.

……화운의 칠 대손 욱이 여향후 벼슬로 명나라 세종 황제 가정嘉靖 십삼년 시절에 과거하여 벼슬이 형부상서에 이르고 이십삼년에 길양을 쳐서 파멸한 공으로 여향후가 되었는데……[5]

이 화욱花郁이 아들 진珍을 두어 귀염둥이로 자라는데, 어릴 때부터 글재주가 비상한 것을 보고 크게 기뻐서 이렇게 말하고 있습니다.

……이제 글재주가 또 이리하여 이 글 두 머리가 다 왕공부귀의 기상이 있으니 내 집을 흥할 자는 진아요……[6]

또 다른 보기들을 추려 보면 이렇습니다.

……중국 송나라 때에 천하 제일의 명공明公이 있었으니 성은 김金이요 이름은 전佺이라 하더라. 그의 집안은 대대로 명문거족이라…….7

……이때에 서울에 유명한 두 명의 재상이 있었으니 하나는 이 정승이요 하나는 김 정승이었는데…….8

……명나라 성화 연간成化年間의 일이니라. 명나라 남양이란 곳에 양현이라고 하는 사람이 있었는데 대대로 높은 벼슬을 해온 이른바 명문거족의 아들이었고 양현 자신은 이들 선조의 고귀한 피를 이어받아 일찍부터 소년등과하여 벼슬이 이부상서에 올랐도다…….9

화설 명나라 가정 연간에 금릉 순천부에 한 명인이 있으되 성은 유요 이름은 현이니 개국공신 성의백 유기의 후손이라 위인이 현명정직하고 문장과 풍채 일세에 뛰어난지라 소년등과하여 벼슬이 이부시랑 참지정사에 이르니 명망이 조야에 진동하더라…….10

이러한 예들은 더 이상 일일이 들기가 어려울 정도로 그 밖에도 『박씨전』朴氏傳, 『장국진전』張國振傳, 『홍계월전』洪桂月傳 등 모두 다 등장인물의 벼슬치레에 관한 서술로부터 시작됨을 보이고 있습니다.*

심지어 조선조 '일대의 기인'이요 반항아요, 혁명을 도모하다가 반역죄로 처형되었다는 '불기不羈의 국외자(아웃사이더)'[11] 허균許筠이 쓴 소설로, 금서가 되었던 『홍길동전』조차도 주인공의 우상화를 위한 이와 같은 정형의 틀에서 벗어나진 못한 채 이렇게 시작되고 있습니다.

화설話說 조선국 세종조 시절에 한 재상이 있으니 성은 홍이요 명은 모某이라, 대대 명문거족으로 소년등과하여 벼슬이 이조판서에 이르매 물망이 조야에 으뜸이요……[12]

이처럼 한국의 전통 사회에서는 '귀'가 높은 벼슬로 이해되었으며, 높은 벼슬을 했다는 것은 일단 사람을 긍정적으로 평가하는 가치 기준으로 승인을 얻었던 것입니다.

한편 우리나라의 '복'사상에서 '귀'의 개념은 '집', '집안', '가문'의 개념에 연계되고 있습니다. '복'사상의 첫 번째 눈인 '수'의 개념은 어쩔 수 없이 개인적인 차원의 복일 수밖에 없습니다. '수'란 아무도 대신해 줄 수도 없고 아무하고도 나눠 가질 수가 없는 오직 수를 누리는

---

\* 풍경화가를 만드는 것은 풍경이 아니라 풍경화라고 했던 뵐플린(Heinrich Wölfflin)의 말을 상기시키면서 유종호 교수는 현실 반영 못지않게 문학에 있어서 관습의 답습을 지적해 주었습니다. 유종호 교수의 그러한 설명은 일종의 매너리즘에 빠져 버린 우리나라 고전 소설의 천편일률적인 서두를 이해하는 데 도움이 될 듯싶습니다.

사람 개인의 복입니다. '부'는 그에 비해서 '수'와 '귀'의 중간에 있다고 할 수 있습니다. '수'는 아비가 자식에게 나눠 줄 수도 물려줄 수도 없으나 '부'는 나눠 주고 물려줄 수 있는 복입니다. 그런 의미에서 부는 개인적인 차원을 넘어선, 한 가족 집단의 복이라고 할 수 있습니다. 그러나 부는 한 가족의 복일 따름 그 이상으로 반드시 한 집안, 한 가문 전체의 복이 되는 것은 아닙니다. 그것은 무엇보다도 '흥부와 놀부'의 얘기가 잘 가르쳐 주고 있습니다.

# 3

# '귀'한 사람의 세 범주

그렇게 볼 때 처음부터 어딘지 자폐적이요 자아 중심적인 사사로운 세계에서 맴돌고 있는 전통 사회의 '복' 사상에서 그래도 다소 원심적·방사적放射的인 면이 있어 보이는 것이 '귀'의 개념이라 여겨지기도 합니다. 가령 조선 시대 소설에 상투어처럼 반복되고 있는 '대대로 명문거족'이란 표현은 어느 한 개인이나 그의 권속만이 아니라 과거에서 현재까지 그의 일가친척 전체를 지칭하는 말입니다

'수'라고 하는 지극히 사적인 복의 개념은 '부'를 통해서 가족으로 확대되고 다시 '귀'를 통해서 가문으로 확산된다면, 여기에서 복의 개념은 가문을 잇는 시간적인 차원으로까지 진입해서 그의 네 번째 눈인 '다남자'의 축원을 낳는다는 것은 지극히 자연스러운 전개라고 할 것입니다.

그렇기에 가령 『사씨남정기』를 보면 사씨 부인과 여승 묘혜와의 대화에 다음과 같은 대목이 눈에 띕니다.

……내 그 상을 보나 귀자를 많이 두어 복록이 완절할 상이라…….[13]

혹은 앞에 든 『창선감의록』에서 화욱의 똑똑한 아들 진을 두고 하는 말이 이렇습니다.

……우리 문호를 흥기할 자는 바로 이 아이로다…….[14]

그러나 이미 앞에서도 언급한 바와 같이 귀하다고 하는 말은 본시 벼슬이나 관작처럼 단순히 사회적인 지위의 높음만을 가리키는 말은 아닙니다. 그럼에도 불구하고 귀하다는 말을 배타적으로 높은 벼슬, 높은 관작과 동일시한다는 일방성에 문제가 있었다고 하겠습니다.

이러한 일방적인 귀의 개념은 전통 사회의 다른 영역에도 침투해 전반적인 가치관의 형성에도 큰 몫을 한 것으로 보입니다. 왜냐하면 수나 부의 개념과는 달리 귀는 바로 여러 주관적인 해석이 가능한 가치의 개념이기 때문입니다. 수를 하는 데는 오래 사는 것밖에는 다른 방도가 없습니다. 부를 하는 데도 많은 재산을 모으는 수밖에는 다른 도리가 없습니다. 그러나 귀를 하기 위해서 관작官爵을 차지한다는 것은 여러 귀의 가능성 가운데서 하나를 택한 것에 불과합니다. 예나 지금이나 또는 여기서나 저기서나 오래 사는 것을 수라 하지 않을 수 없고, 돈이 많은 것을 부라 하지 않을 수는 없어도, 그와는 달리 때에 따라 곳에 따라 혹은 사람에 따라 벼슬을 하는 것을 귀로 보지 않을 수는 얼마든지 있을 수가 있는 것입니다.

귀하다고 하는 말은 이미 언급한 바와 같이 보편적·개방적인 가치 개념으로 사람에 관련해서는 본시 벼슬이나 관작과 같이 단순히 외적 外的인, 사회적인 지위가 높은 것만을 가리키는 말은 아닙니다. 귀하다는 말은 또 내적 內的인, 인격적인 차원에서도 사람됨, 마음가짐의 고귀함을 가리키는 말이 될 수도 있는 것입니다. '귀'의 개념을 이렇게 두 가지 뜻으로 구별해서 인식한다는 것은 매우 중요한 일이라 생각됩니다. 귀의 개념을 두 갈래 차원으로 나눠 볼 경우, 거기에서는 다음과 같은 세 가지 귀의 범주를 예상할 수가 있습니다.

첫째는 고귀한 인격을 지니고 높은 벼슬을 하는 사람의 귀입니다.

둘째는 고귀한 인격을 지니고 높은 벼슬을 하지 않는 사람의 귀입니다.

셋째는 천박한 인격을 지니고 높은 벼슬을 하는 사람의 귀입니다.

바꿔 말하면 높은 벼슬을 했다고 해서 반드시 그 사람의 됨됨이가 고귀하다는 보장은 없다는 것이요, 반대로 고매한 인격을 지닌 사람이 반드시 높은 벼슬을 얻는 것도 아니라는 얘기입니다.

한편, 설혹 벼슬을 한다고 하더라도 어떤 세상에서, 어떤 권력체제하에서 벼슬을 하느냐 하는 것도 문제입니다. 공자는 천하에 도道가 있을 때엔 나타나되, 무도한 세상에선 숨어 지내라 가르쳤습니다. 그래서 나라에 도가 있음에도 가난하고 벼슬을 못한 것이 부끄러운 일인 것처럼, 나라에 도가 없는데도 돈을 벌고 벼슬을 하는 것도 부끄러운 일이라고 일렀습니다.[15]

벼슬을 하는 것이 곧 자랑스러운 것이 아니라 부끄러운 일일 수도 있으며, 벼슬을 하지 않는 것이 반드시 부끄러운 일이 아니라 의젓한 일일 수도 있다는 뜻입니다. 그래서 마포 강변에서 흙집을 짓고 산, '조선시대의 디오게네스'라고나 할 이지함李之菡은 그의 『토정집』土亭集 「대인설」大人說이란 글에서 다음과 같은 탁견卓見을 펼치고 있습니다.[16]

"사람에겐 네 가지 원이 있으니 안으로는 신령스럽고 강하기를 원하고 밖으로는 부하고 귀하기를 원한다"人有四願 內願靈强 外願富貴.

우선 부귀를 희구한다는 것은 예나 지금이나 다름없는 사람의 본성이라는 것을 밝히고 있습니다. 그러나 그 뒤를 이어 이지함은 다음과 같이 적고 있습니다.

"귀하기는 벼슬하지 않는 것보다 더 귀함이 없으며 부하기는 욕심내지 않는 것보다 더 부함이 없다"貴莫貴於不爵 富莫富於不欲.

말하자면 토정에게도 귀의 개념은 내적인 귀와 외적인 귀, 인격적인 귀와 사회적인 귀로 나눠지고 있음을 알 수 있습니다. 그 경우 토정은 앞에서 분류한 귀의 세 범주 가운데서 두 번째 것을 가장 귀한 것으로 간주했다고 풀이해 볼 수 있겠습니다.

그러나 "욕심내지 않으면서 부하지 못한 것은 빈궁한 자가 그러하고 벼슬하지 않으면서 귀하지 못한 것은 미천한 자가 그러하다"不欲而不富 貧窮者有之 不爵而不貴 微賤者有之고 꿰뚫어 보고 있기 때문에 토정은 "욕심내지 않으며 능히 부하고 벼슬하지 않으며 능히 귀하기는 오직 대인이라야 될 수 있다"不欲而能富 不爵而能貴惟大人能之라는 말로 그의 「대인설」을 맺고 있습니다.

물론 세상은 언제나 어느 곳에서나 미천한 사람이 다수를 이루고 있는 것이 현실입니다. 귀한 사람이란 비단 그 됨됨이가 '고귀'하기 때문만이 아니라 그 수가 또한 '희귀'하기 때문에도 귀한 존재가 되는 것입니다. 그와 마찬가지로 '대인'도 희귀한 존재요, 흔한 것은 벼슬하지 않으면 귀하지 못한, 또는 귀하지 못하다고 생각하는, 대다수의 '소인'들입니다.

그렇기에 '복'사상의 첫눈인 '수'의 개념이 '요'夭와 짝이 되어 모든 사람들의 뒤를 쫓고 있는 죽음으로부터 되도록 멀리 도망치려는 동기에서 나오고, '부'의 개념은 '빈'貧과 짝이 되어 가난으로부터 악착같이 벗어나려는 이 역시 도피 동기에서 나온 것처럼, '귀'의 개념 역시 '천'賤과 짝이 되어 미천한 신분으로부터 어떻게든 벗어나려는 탈출 동기에서 나왔다고도 일단 볼 수 있습니다. 지난날의 전통 사회에서는 대부분의 사람들이 단명했고, 곤궁했고, 천대받으며 살았다는 사실을 상기한다면 그것은 자연스러운 이치라고도 할 수 있겠습니다.

그러나 문제는 미천한 신분을 벗어나서 귀한 사람이 되는 길이 달리는 안 되고 오직 높은 벼슬을 해야만 된다는 데에 한국적인 복사상의 특수성은 있다고 하겠습니다. 그것은 달리 말하면 비록 출신이나 신분이 중인 이하의 상인常人, 천인賤人이 아니라 하더라도, 바로 양반의 몸이라 하더라도 아직 관작을 차지하지 못하는 한에서는 귀를 못했다는 얘기가 되고 맙니다.

# 4

## 과거(科擧)의 폐, 붕당의 화

 

사실 조선 시대의 엄격한 신분 사회에서는 높은 벼슬을 한다는 것은 오직 양반 계급에게만 유보되어 있던 특전이었습니다. 그렇다면 복을 비는 모든 사람의 소망인 귀는 천한 사람들에게보다도, 아니 천한 사람들이 아니라 오직 천하지 않은 사람, 어떤 의미에서는 이미 귀한 사람들만이 현실적으로 추구할 수 있는 목표였다고 할 수 있습니다. 달리 말한다면 양반의 자제로 태어나서 이미 귀한 신분에 있는 사람들조차 높은 벼슬을 해서 귀를 누려야 비로소 천함을 벗어난다고 생각한 데에 한국적인 '귀'의 특수성, 혹은 강박성이 있다고도 할 수 있습니다. 부익부富益富와 마찬가지로 귀익귀貴益貴를 하려는 갈급한 동기가 거기 있었습니다.

그러한 시각에서 본다면 앞에서 든 세 가지 귀의 범주 가운데서 두 번째 범주, 곧 고귀한 인격을 지니고 낮은 지위에 있는 사람의 귀는 이미 귀가 아니고, 그보다는 차라리 세 번째 범주, 곧 천박한 인격을 지니고 높은 지위를 얻는 사람의 귀가 '귀'로 받아들여질 수 있다, 받아들여지고 있다는 데에 예나 지금이나 한국적인 귀 개념의 심상치 않은 문제점이 있다고 볼 수 있습니다.

인격의 내면적인 차원, 정신적인 차원에서의 '귀'가 평가받지 못하고 오직 사람의 외면적·사회적 차원에서의 지위의 높고 낮음, 더욱 구체적으로는 벼슬의 높고 낮음만이 귀의 배타적인 기준이 될 때 그것이 결과하는 논리적 필연, 현실적 필연은 무엇이겠습니까.

더욱이 높은 관작을 차지함을 뜻하는 '귀'가 '부'를 겸할 수 있다는 현실적인 조건이 갖춰져 양반은 양반으로서만 그냥 자족하지 않고 관리로서 출세 영달하는 것이 국민의 상하를 막론하고 일반적으로 선망하는 이상理想[17]이 되었다고 한다면, 그것이 빚는 결과는 무엇이겠습니까. 그것은 필경 내면적인, 인격적인 '귀'의 함의를 사상捨象해 버린 정신적인 황무지에서 외면적·사회적인 '귀'를 상징하는 관작만 추구하는 허무주의적 출세주의, 부귀일원론의 물질주의를 낳는다고 보아 잘못이겠습니까.

전통 사회의 고질이라 일컫는 관존민비官尊民卑의 폐습이나 수단 방법을 가리지 않는 엽관獵官 운동 등은 그같이 '귀'의 개념을 공동화해 버린 유물주의, 허무주의의 풍토에서는 당연히 무성해질 수밖에 없는 독버섯이라 해서 잘못이 아닌 줄 믿습니다.

　실학사상가 성호星湖 이익李瀷의 『붕당론』朋黨論을 보면, "관직은 적은데 사용[仕用]할 사람은 많으니" 거기에서 붕당의 싸움이 필연하는 경위를 명쾌한 논리로 밝혀 주고 있습니다.

　"유한의 보화로 무궁한 사람을 대접하려 하니 싸움이 일어나는 것은 물론 당연"하다는 것이요, "한 사람이 벼슬을 하면 그림자처럼 따르고 메아리처럼 응하던 자가 모두 그 덕을 보게 되니 붕당 또한 마땅하다"는 것입니다. 그러한 붕당이 갈라져 다투는 까닭은 "대개 과거를 자주 보여서 사람을 너무 많이 뽑았고 애증愛憎이 치우쳐 진퇴가 일정하지 못했기 때문"이라 설파하고 있는 이익은 결국 "과거가 나라에서 선비를 구하는 것이 못 되고 선비가 나라에 쓰이도록 구하는 꼴이 되었다"고 날카롭게 과거제도를 비판하고 있습니다.[18]

　과거의 폐해에 대해서는 다산茶山 정약용丁若鏞도 매우 비판적인 입장을 밝혔습니다. 그는 두 아들에게 보낸 글에서 "오륜五倫을 구두선口頭禪처럼 외우고는 있으나 붕당朋黨의 화가 끊이지 않는 세태를 개탄하면서 특히 과거만을 위주로 해서 도의를 강론하지 않고 있으니 친구 사이의 신의가 어그러져 버렸다"科擧爲主 而道義不講 朋友之信乖矣고 적고 있습니다.[19] 뿐만 아니라 과거 공부 때문에 학문이 발전하는 것이 아니라 퇴보하기도 한다는 것을 특히 일본과 대비해서 논하고도 있습니다.

　"……대저 일본은 본래 백제를 통해서 서적을 얻어 보게 되었으므로 과거에는 몹시 몽매했었는데 그 후에 직접 중국의 절강浙江 지방과 교역을 트면서부터 중국의 좋은 서적은 사가지 않은 것이 없었다. 또 과거科擧 공부의 누가 없으므로 지금 그들의 문학이 우리나라보다 훨씬 앞서 있으니 매우 부끄러운 일이다."[20]

원래 세습적인 귀족 세력에 타격을 가해서 천자天子의 독재 권력을 확립하기 위해 1400년 전 수대隋代에 비롯되었다고 하는 과거제도는 중국에서도 청조淸朝 말에 와서는 넘쳐흐르도록 많은 '관료 예비군'을 양산하는 결과를 낳아서 과거를 치르러 몰려드는 거자擧子들은 "사탕에 몰려드는 개미 떼 같은 엽관자의 무리"처럼 보였다고도 전해지고 있습니다.[21]

『춘향전』에서 이도령이 월매의 집에 가서 환대를 받자 "관청이 아니어든 어이 그리 구비具備한가"라고 한 말은 뒤집어 놓고 보면, 모든 것을 구비하려면 벼슬을 해서 관청에 들어가는 길밖에 없다고도 풀이할 수 있습니다.

그렇기에 나라에 쓰이도록 (벼슬을) 구하는 꼴을 하고 있는 사람은 많은데 관직은 적으니 '창칼로 서로 다투게' 된 붕당의 싸움은 막을 수가 없었다고 하겠습니다. 그처럼 어려운 경쟁이고 보니 한번 얻은 관직을 '대인' 아닌 '소인'들은 미련이 연연해 여간해서 놓지 않으려 했다는 것도 당연한 일이라고 할 것입니다. 그 사정을 영조英祖 때의 문신 이정보李鼎輔는 이렇게 노래하고 있습니다.

귀거래歸去來 귀거래 한들 물러갈 이 그 누구며

공명功名이 부운浮雲인 줄 사람마다 알건마는

세상에 꿈 깬 이 없으니 그를 슬퍼하노라[22]


　귀가 곧 벼슬하는 것으로 받아들여지고 벼슬에 오르는 길은 과거에 급제하는 것으로 제도화되어 있었다는 것은 또 다른 면에서도 심상치 않은 문제를 안고 있는 것으로 생각됩니다. 잘 알려져 있는 것처럼 전통 사회에서 고급 관리의 등용문이라고 하는 과거는 잡과雜科를 제외하고는 문무 이과文武二科, 생원·진사 과科 등의 각급 시험에서 다 같이 행정 실무에 필요한 지식이나 기능을 테스트하는 것이 아니라 사서삼경四書三經 또는 사서오경四書五經 등 고전의 독서력과 부賦, 송頌, 명銘, 잠箴, 기記, 표表, 전箋 등의 문장력을 시험하는 것을 내용으로 하고 있었습니다. 말하자면 그것은 '시무'時務의 능력이 아니라 매우 인문주의적인 '교양'을 시험 내용으로 하고 있었다는 얘기입니다. 듣기에 따라서는 매우 유연하고 전아한 제도라고도 하겠습니다마는 반드시 그렇게 보기만도 어렵겠다는 의구심이 일게도 됩니다.

　왜냐하니 고전의 독서력이나 문장의 표현력이 과거의 시험 과목이 되었다는 것은 귀를 추구하는 권세욕에 인문주의의 교양이 예속되었다고도 볼 수 있겠기 때문입니다. 지식과 교양이 '권력에의 의지'Wille zur Macht를 위한 방편이 되었다는 얘기입니다. 지식, 교양, 정신이 스스로 목적이 되어 자립하지 못하고 관직, 권세, 영달을 위한 수단으로 전락되었다는 얘기입니다.

인문주의적인 교양이 '귀'의 출세주의를 위한 수단이 된다는 것은 귀의 권력 의지가 '부'의 물질주의를 위한 수단이 되는 것 이상으로 허무주의의 위험을 안고 있는 것은 아니겠습니까.

'귀'를 관작으로 동일시했던 '복'사상 속에서 우리나라 전통 사회의 숙명적인 일원一元 구조를 본다는 것은 바로 이 같은 부귀의 일체화, 교양과 권세의 일체화, 정신과 권력의 일체화 또는 지식인과 정치인의 일체화를 두고 한 얘기입니다.

독서 계급이었던 양반이 양반으로서 자족하지 않고 보다 귀한 자리, 곧 보다 높은 벼슬자리만을 희구한다면 그러한 풍토에서는 독자적인 사회 계급으로서 지식 계급의 형성도 비록 불가능하지는 않다고 하더라도 지극히 어려울 것이라 생각됩니다. 특히 그러한 풍토에서는 벼슬을 하지 않아도 스스로 존귀한 귀족 계급, 현대에 있어 더욱더 없어서는 아니 된다는 '자연적인 고귀함'nobilitas naturalis[23]을 타고난 '정신적인 귀족' 계급의 출현이란 더더군다나 바라기 어렵겠다는 생각이 들지 않을 수 없습니다. 부질없는 과욕일까요, 허욕일까요?

주

1 韓㳓劤, 「富와 貴의 價値觀과 族譜의 思想: 社會的 條件과 우리 民族性」, 『思想界』 (1959년 8월호), 66쪽.

2 『春香傳』(韓國古典文學全集 10권), 民衆書館, 1970, 47쪽.

3 같은 책, 215쪽.

4 金起東, 『李朝時代小說論』, 서울: 精硏社, 1959, 355쪽.

5 『彰善感義錄』(韓國古典文學全集 2권), 世宗出版公社, 1970, 15쪽.

6 같은 책, 18쪽.

7 『淑香傳』, 같은 책, 123쪽.

8 『玉丹春傳』, 같은 책, 229쪽.

9 『梁山伯傳』, 같은 책, 301쪽.

10 『謝氏南征記』(같은 전집 5권), 15쪽.

11 張德順·崔珍源 校注, 『洪吉童傳』·『壬辰錄』·『辛未錄』·『朴氏夫人傳』·『林慶業傳』 (韓國古典文學全集 1권), 普成文化社, 1978, 解題 6쪽.

12 같은 책, 3쪽.

13 『謝氏南征記』, 52쪽.

14 『彰善感義錄』, 16쪽.

15 "天下有道則見 無道則隱 邦有道 貧且賤焉 恥也 邦無道 富且貴焉 恥也." 『論語』 卷四 「泰伯」第八.

16 李之菡, 『土亭集』(한국의 思想大全集 11권), 同和出版公社, 1972, 231쪽.

17 韓㳓劤, 앞에 든 글 같은 자리.

18 李瀷, 李翼成 譯, 『星湖雜著』, 1972, 57~64쪽.

19 정약용 저, 민족문화추진회 편, 『국역 다산시문집 9』(고전국역총서 241), 서울: 솔, 1986, 34쪽.

20  같은 책, 18쪽.

21  宮崎市定, 『科擧: 中國の試驗地獄』, 東京: 中央公論社, 1964, 191쪽.

22  李基文 編註, 『歷代時調選』, 1973, 2667쪽.

23  Wilhelm Röpke, Die Massengesellschaft und ihre Probleme, In: Albert Hunold (ed.), Masse und Demokratie, Zürich & Stuttgart, 1957, 37쪽.

# 7장

# 귀(貴)의 사상

**한국적 가치관의 기틀**

# 내면적 '귀'와 외면적 '귀'

복사상의 세 번째 눈이 되는 '귀'의 개념에 관한 얘기를 계속하겠습니다. 이처럼 '귀'의 문제를 붙들고 늘어지는 까닭은 '귀'가 복사상의 다른 눈인 '수'나 '부'나 '다남'과 대등한 자리를 차지하는 또 하나의 눈이라기보다 어쩌면 한국적인 복사상의 으뜸되는 자리를 차지하고 있는 눈이라 보기 때문입니다.

이미 말씀드린 대로 복의 네 눈 가운데서 '수'는 처음부터 어쩔 수 없이 '나'만이 누릴 수 있는 복, 가족과도 나눠 가질 수 없는 복, 그런 뜻에서 그것은 극사적極私的인 것이라고 할 수 있습니다. 그에 대해 '귀'는 특히 우리나라에서는 높은 '지위'나 '벼슬' 또는 '관작'으로 이해될 때, 그것은 이미 어쩔 수 없이 사사로운 세계를 벗어나 문밖의 세계에 자리 잡는 개념이라 하지 않을 수 없습니다. 그러한 '귀'는 '수'

와는 달리 '나'를 넘어서 나의 집안, 우리 가문의 복으로 여겨지고도 있어 '수'가 개인적인 복의 눈이라 한다면 '귀'는 사회적인 복의 눈이라는 얘기도 했습니다. 뿐만 아니라 전통 사회에서는 귀에 당연한 것처럼 부가 따르고 귀를 위해선 또 생남生男이 그 출발의 전제가 되고 있음을 상기한다면, '귀'가 다른 복의 눈들을 좌우하는 지배적인 위치에 있다고 볼 수 있겠습니다.

그리고 한편에선 부귀가 하나가 되고 있고 다른 한편으론 인격의 내면적·정신적 차원에서의 '귀'가 사상捨象된 채 오직 사람의 외면적·사회적 차원에서의 지위의 고하, 더욱 구체적으론 벼슬의 고하가 귀 개념의 배타적인 기준이 될 때 거기에 우리나라 전통 사회의 답답한 일원적 사회문화 구조의 바탕은 마련되어 있었다고 여겨집니다.

그러나 이렇게 적고 나서 돌이켜 보니 아무래도 성급한 결론이 앞서 버려 설명이 미진하지 않았나 생각됩니다.

귀의 문제를 떠올려 놓고 보면 당장 생각이 미치는 것이 가치의 문제입니다. 앞에서 시도해 본 귀의 범주화 가운데서 가령 사회적인 지위는 낮고 벼슬은 하지 않았어도 고귀한 인격을 지니고 있는 사람을 귀한 사람으로 보느냐 안 보느냐, 혹은 천박한 인격을 지녔어도 높은 벼슬만 하면 귀한 사람으로 보아 주느냐 안 하느냐 하는 것은 바로 한국인 내지는 한국 사회의 가치관에 직결된다고 볼 수 있습니다.

'수'다, '부'다, '다남'이다 하는 복 개념의 내포內包가 모두 다 신체적·물질적인 것이라고 한다면, 그 점에서도 '귀'는 일단 그러한 차원을 넘어서는 정신적인 내용을 함의含意하는, 또는 함의할 수 있는 유일한 복사상의 눈이라고 할 수도 있습니다. 달리 말하면 수나 부나 다남 등의 개념이 어디까지나 양量의 개념이라고 한다면 오직 귀의 개념만은 원래 양화量化할 수 없는, 양을 초월한 질質의 개념이라고도 할 수 있습니다.

그러한 귀의 개념이 한국적인 복사상에서는 '관작을 차지한다는 것'과 동일시되었다고 할 때, 이 귀의 개념 속에 사람을 평가하는 한국적인 가치관, 삶의 목표를 세우는 한국적인 인생관, 나아가서 그로부터 세상의 질서를 이해해 보는 한국적인 세계관, 곧 한국적인 가치관이 가장 포괄적으로 그리고 현저하게 나타나 있었다고 여겨집니다. 어떤 면에서는 한 사람이나 한 사회의 가치관이 무엇인지 알아보려면 '귀'의 개념을 그 사람 혹은 그 사회에서 어떻게 이해하고 있는가를 물어보는 것이 첩경이 아닌가 생각되기도 합니다.

도대체 '가치'가 무엇입니까?

가치란 우리말로는 '값'이요, 그래서 가치가 있는 것이란 값이 있는 것, 값이 나가는 것, 값진 것입니다. 값진 것이란 무엇입니까. 흔한 것이 아니라 귀한 것입니다. '귀'의 개념은 우선 이렇게도 가치의 개념과 연결됩니다.

그러나 흔하지 않은 모든 것, 희귀한 모든 것이 다 값진 것이 되는 것은 아닙니다. 세상에는 흔하지 않은, 희귀한 존재이면서도 값없는 것들이 얼마든지 있습니다. 또는 어느 한 곳에선 매우 값진 물건이 다른 곳에 가면 값없는 물건이 되기도 합니다.

　그뿐만 아니라 어느 시점까지는 전혀 값나가지 않는 천한 물건들이 어느 시점부터는 별안간에 값진 귀물이 되는 경우도 있습니다. 우리는 그러한 구체적인 예들을 근년에 우리나라에서 값없던 것들이 느닷없이 값진 물건으로 가격이 폭등한 미술품, 공예품, 민예품 등의 시장에서 구경한 일들이 자주 있었습니다.

# 2

# 가치란 보기 위한 '관점'

　가치란 이처럼 장소에 따라 다르고 시대에 따라 달라질 수 있습니다. 바꿔 말하면 가치는 그때 그곳에 사는 사람들이 무엇을 값진 것으로 평가하느냐 하는 데에 따라 좌우된다고 볼 수 있습니다. 가치란 곧 주관적인 것이라는 얘기입니다.

　무엇을 '수'로 보느냐, 무엇을 '부'로 보느냐 또는 무엇을 '다남'으로 보느냐 하는 것은 장소나 시점 또는 보는 사람에 따라 별로 다를 수가 없는 객관적인 개념이라 하겠습니다. 복사상의 내용 가운데서 상이한 여러 해석이 나올 수 있는 것이 있다면 그것은 오직 무엇을 '귀'로 보느냐 하는 것뿐입니다. 한국적인 복사상에서는 '귀'만이 주관적인 개념이라고도 할 수 있습니다. '귀'는 그의 주관적인 본성 때문에도 다시 주관적인 가치의 개념과 연결됩니다.

가치가 주관적인 것이다 하는 것은 바로 가치의 본질을 파헤쳐 놓고 있는 말입니다. 가치란 곧 관점의 소산이기 때문입니다. 이에 대해선 독일의 유명한 철학자가 다음과 같이 절묘한 풀이를 해놓고 있습니다.

"가치의 본질은 관점Gesichtspunkt이라는 데에 있다. 가치란 눈여겨보는 것을 말한다. 가치가 뜻하는 것은 보기 위한 시점視點(Augenpunkt)이다. 무엇인가를 노려보는, 혹은 무엇인가를 헤아려 보는, 그 경우 다른 것들과 따져 보는, 그러한 '보는' 것을 위한 시점이다."[1]

요컨대 가치는 하나의 관점으로서, 그때마다 '본다'는 행위로부터 또는 '본다'는 행위를 위해 정립되는 것이라고 할 수 있습니다. 뒤집어 얘기하면 무엇인가를 노려보고 헤아려 보고 따져 보지 않은 곳에서는 가치도 이뤄질 수 없다고 하겠습니다.

물론 '수'의 사상도 그 나름대로 하나의 가치를 안고 있다고 할 수 있습니다, 거기에는 '수'란 그 자체로서 좋은 것이라고 보는 관점이 고백되고 있기 때문입니다. 그것을 앞에서는 생명 긍정, 현세 긍정의 가치관이라고 불러 보았습니다.

그와 마찬가지로 '부'의 사상도 그 나름대로 하나의 가치를 안고 있다고 할 수 있습니다. 거기에도 역시 '부'란 그 자체로서 좋은 것이라고 보는 관점이 고백되고 있습니다. 우리는 그것을 물질주의, 물량주의의 가치관이라고 일러 보았습니다.

'수'와 '부'의 사상에서 공통되는 점은 거기엔 관점의 차이가 거의 없다는 사실입니다. 바꿔 말하면 거기에는 주관이 개입할 수 있는, 주관적인 해석의 여지가 별로 없다는 얘기입니다. 있는 것은 오직 수를 긍정하느냐 부정하느냐, 혹은 부를 긍정하느냐 부정하느냐 하는 입장의 양단 또는 견해의 이분법뿐이요, 무엇을 수로 보느냐, 무엇을 부로 보느냐 하는 데에선 입장의 대립이나 다양한 견해가 있을 수 없습니다. 오래 사는 것이 수요, 돈이 많은 것이 부입니다. 그 밖에 또 다른 수, 또 다른 부는 없습니다.

하기야 삶을 거부하고 염세자살을 뜻하는 사람도 있을 수 있습니다. 또는 부를 거부하고 가난 속에서 안빈낙도安貧樂道하겠다는 사람도 있습니다. 그러나 그러한 예외적인 존재, 소수의 사람을 제외한 대부분의 사람들은 수를 좋은 것으로, 부를 바람직한 것으로 받아들이고 있습니다. 그리고 그처럼 대부분의 사람들이 수와 부를 추구한다는 점에서는 예나 지금이나, 또는 여기나 저기나 크게 다를 바가 없습니다. 그런 의미에서 수와 부는 비교적 보편적인 가치라고도 할 수 있습니다. 그것은 초超시대적이요, 초지역적인 가치라고도 할 수 있습니다.

그러나 한국적인 복사상의 세 번째 눈인 귀의 개념에 이르러서는 사정이 크게 달라집니다. 귀의 사상은 단순히 귀를 좋은 것이라고 보는 관점의 고백이라고 해서만은 아직 아무 얘기도 끝난 것이 되지 못합니다. 귀를 긍정하느냐, 부정하느냐 하는 양단의 구분만으로는 입장의 대립이나 다양한 견해의 차이가 끝나는 것이 아닙니다. 오히려 관점의 대립이나 다양한 견해의 차이는 귀천 사이에서 귀를 긍정한 양단간의 결정 뒤에 비로소 시작된다고 해야 할 것입니다. 귀를 좋은 것, 바람직스런 것으로 받아들인 다음, 그렇다면 무엇을 귀로 보느냐 하는 물음 앞에서 다양한 풀이가, 다양한 관점이, 때로는 서로 대립되기도 하는 상이한 가치관이 비로소 고백된다는 얘기입니다.

수의 사상에서는 오직 삶과 죽음의 양자택일만이 있고 부의 사상에서는 오직 빈부의 양자택일만이 있다고 한다면, 귀의 사상에서는 선택이 귀천 간의 양자택일만으로는 끝나지가 않는다는 얘기입니다. 귀를 바람직한 것으로 받아들인 다음 무엇을 귀로 볼 것인가 하는 대목에서 또 한번 많은 가능성, 많은 관점 사이에서 새로운 선택을 해야 하기 때문입니다.

귀는 그처럼 다양한 가능성을 안고 있고, 그 속에서 스스로의 입장을 선택한다는 점에서도 다시 한번 가치의 개념과 직결됩니다. 왜냐하면 가치의 개념이란 그것을 기능적으로 파악해 볼 때 무엇보다도 '선택' 또는 '선호'의 행위에서 밝혀지는 것이기 때문입니다. 많은 가능성 가운데서 어느 한 가지를 우선하는 결정에 바탕이 되는 것이 곧 가치(관)입니다. 사이버네틱스의 이론가들이 '가치'의 개념을 '선호에 작용하는 것'an operating preference[2] 또는 '결정의 틀'a pattern of decision[3]이라고 풀이하는 것도 같은 뜻이라 하겠습니다.

우리나라의 전통 사회에서 귀를 '벼슬한다는 것', '관작을 차지한다는 것'과 동일시했다는 것은 귀를 보는 하나의 관점, 오직 하나의 관점입니다. 높은 벼슬, 높은 지위가 곧 귀라고 보는 것은 하나의 가치관이라고 하겠으나, 그것은 다만 '하나의' 가치관일 뿐입니다. 귀를 보는 많은 관점, 여러 가치관 가운데서 오직 높은 벼슬만을 귀로 본다는 하나의 선택, 하나의 선호, 하나의 결정입니다.

이미 조선 시대에도 앞서 인용한 토정土亭의 '대인'과 같이 벼슬하지 않는 것을 가장 귀하다고 보는 관점도 있었습니다. 그뿐만 아니라 당시에도 과거를 치른 뒤 출사出仕하지는 않고 초야에 묻혀서 학문만 하던, 이른바 '산림'山林이라 일컫던 선비들의 일군一群이 있었습니다. 이들이 그때그때 시무時務에 관해서 조정에 글을 올리는 이른바 '산림공론'은 군왕도 그 직언直言을 두려워하고 함부로 하지 못했다고 알려지고 있습니다.[4]

그러니 벼슬과는 상관없는 사람의 능력, 가령 고대 그리스적인 의미에서 '덕'德(arete)을 귀한 것으로 보는 관점도 있을 수 있습니다. 그뿐만이 아닙니다. 사람의 지위나 능력과도 상관없이 참된 것[眞], 착한 것[善], 아름다운 것[美] 등을 '귀'로 보는 관점도 얼마든지 있을 수 있습니다.

귀의 가치관은 그러고 보면 이와 같이 다양한 것, 다원적인 것입니다. 가치의 개념이 본시 선택이나 선호에 관련되는 것이라면 거기에는 그에 앞서 다양한 선택지枝, 여러 선호의 가능성이 전제되어야 한다는 것은 당연한 논리입니다. 가치가 관점이요, 곧 주관의 관점이라 하는 것은 마치 주관이 다양한 것처럼 가치도 본래 다원적인 것임을 함의하고 있습니다.

수壽를 하는 데는 예나 지금이나 오래 사는 것밖에는 다른 수가 없고, 부富를 하는 데엔 여기서나 저기서나 많은 돈을 버는 것밖에는 다른 수가 없습니다. 그러나 귀貴를 하는 데에 '관작을 차지한다는 것'은 귀의 많은 가능성 가운데서 하나를 선택한 것에 불과합니다. 더욱이 '오래 사는 것'을 수라고 하지 않을 수 없고 '돈이 많은 것'을 부라고 하지 않을 수 없는 것과는 달리, '벼슬을 하는 것'을 귀로 보지 않을 수는 얼마든지 있다는 데에 귀 개념의 특수성이 있다고 하겠습니다. 요컨대 귀의 개념은 매우 다양하고 다원적입니다. 귀의 개념은 다시 여기에서도 다양한 가치의 개념과 연결되고 있습니다.

# 3

## 권세 지향, 관존민비, 출세주의

이처럼 다양한 가치관의 전개 가능성을 안고 있는 '귀'의 개념이 우리나라의 전통적인 복사상에서는 오직 높은 벼슬을 하는 것으로만 간주되었다는 것이 무엇을 의미했는지, 무엇을 결과했는지는 절로 분명하다고 보겠습니다.

그것은 첫째, 사람을 그가 차지한 또는 차지하지 못한 벼슬에 따라 높여 보고 낮춰 보는 인간관을 낳아 놓았습니다. 관작의 고하 또는 관작의 유무가 사람을 평가하는 가장 긴요한 기준이 된다는 것입니다.

그것은 둘째, 사람이 태어나 이 세상에서 무엇을 바랄 것인가 하는 뜻을 세우는 데 있어서 결정적인 기준이 되기도 합니다. '입지'立志다, '입신'立身이다, '청운靑雲의 뜻'이다 하는 것은 다른 말이 아닙니다. 열심히 공부해서 과거에 급제해 벼슬을 하겠다, 벼슬을 해서 세상에 이름을 떨쳐 보겠다는 것입니다. 그것은 입신출세주의Strebertum 인생관을 궤도화軌道化해 놓고 있다는 것입니다.

뿐만 아니라 셋째, 그것은 사회조직, 사회질서, 사회생활의 구석구석에까지 침투, 미만함으로써 전체 사회를 일원적一元的 구조로 위계화하고 관존민비官尊民卑사상을 보편화함으로써 전통 사회의 한국적인 세계관에도 결정적인 영향을 주었다고 보아야겠습니다.

그곳에선 가치관의 다원화多元化란 발을 붙일 수도 없고 오직 벼슬만을 값진 것으로 보는 배타적이고 폐쇄적이고 단원적單元的인 가치관의 지배가 있을 따름입니다.

나는 조선 시대에 편찬한 '영세불역永世不易의 대법전大法典'이라고 하는 『경국대전』經國大典이나 『속대전』續大典, 또는 그 둘을 다시 종합했다는 『대전통편』大典通編 등을 문외한의 눈으로 들춰 볼 때마다 벼슬에 따라 모든 직책에 있는 사람의 지위 고하를 저처럼 일목요연하게 알아볼 수 있도록 잘 서열화, 위계화한 걸작품 앞에 그저 혀를 내두를 뿐입니다. 거기에는 왕의 종친에서부터 왕의 부실副室(첩)이나 궁녀를 아우른 내명부內命婦에 이르기까지, 중앙 관사인 경관직京官職에서부터 지방 관사인 외관직外官職에 이르기까지, 모든 사람의 지위가 정종正從의 구품九品과 상·하계의 관품官品으로 세분된 30등급의 품계제도에 의해서 엄격하고도 정연하게 질서 지워지고 있습니다. 가령 왕비 모母는 정1품이요, 대전 유모는 종1품, 육조의 판서(장관)는 정2품이요, 참판(차관)은 종2품이라 하는 따위입니다.

사람만이 아니라 관아官衙도 품계에 따라 정2품 아문에서 종9품 아문까지 서열화되어 있습니다. 가령 임금의 약을 제조하는 임무를 관장하던 내의원內醫院은 정3품의 아문이요, 도성 내의 병인을 구료救療하는 혜민서惠民署는 종6품의 아문이다 하는 따위입니다.

오늘의 시각에서 보면 관리라기보다 예능인이라 할 수 있는 음악가, 화가들조차도 장악원掌樂院이나 도화서圖畫署에서는 각각 정·종 6품에서 정·종 9품까지의 관작으로 품계화되고 있었습니다.[5] 무슨 일을 하느냐 하는 구별을 초월해서 모든 자리에 있는 사람은 오직 '품계'라고 하는 하나의 척도에 의해서 그의 상하 서열이 규정되었던 것입니다.

지금도 창경원의 명정전明政殿이나 비원의 인정전仁政殿, 또는 경복궁의 근정전勤政殿이나 덕수궁의 중화전中和殿을 찾아가면 돌을 깐 그 넓은 앞뜰의 좌우 양쪽에 정1품에서 종9품까지의 품계를 새긴 돌기둥(품계석)을 박아 둔 것을 볼 수 있습니다. 임금이 조하朝賀를 받기 위해 마련한 이 넓은 뜰은 조선 시대의 '귀'의 개념을 화석화해서 시위해 주는 공간적인 기념물이다 싶어 언제 보나 흥미롭습니다.

이러한 관작의 품계는 비단 사람이 남을 평가할 때의 기준이 되었을 뿐만 아니라 사람이 스스로를 남에게 알릴 때도 신분의 증시證示가 되었습니다. 특히 왕조 시대의 신하가 임금께 글을 올릴 때 수말首末의 경구敬具를 갖춰야 하는 상소의 첫머리에선 자신의 현임, 원임原任 관작을 종종 번잡스러우리만큼 소상히 주워섬기는 것을 볼 수 있습니다. 몇 가지 보기를 들어 보면 "집현전 부제학 정인지 등 상언"集賢殿 副提學 鄭麟趾 等 上言,[6] "장령 신 신숙주 상언"掌令 臣 申叔舟 上言[7] 등의 간단

한 경우에서부터 "중훈대부 홍문관전한 지제교 겸 경연시강관 춘추관 편수관 승문원참교 신 이황 성황성공 근상언우주상전하"中訓大夫 弘文館典翰 知製教 兼 經筵侍講官 春秋館編修官 承文院參校 臣 李滉 誠惶誠恐 謹上言于主上殿下[8] 등의 장황한 것까지 있습니다.

이러한 품계제도나 서열의식에 바탕한 인간관이나 인생관은 그러나 우리나라의 전통 사회가 몰락함으로써 함께 스러져 갔다고 하기보다는 근대된, 또는 근대화를 지향하는 현대의 한국 사회에서도 뿌리 깊게 살아남아 있다고 볼 수 있겠습니다.

문외한의 과문한 탓인지는 몰라도 나는 세상에 계장—과장—국장—실장으로 올라가는 5급 공무원에서 4급—3급—2급—1급 공무원의 관직명이나 그 직계의 서열이 우리나라 관청처럼 일목요연하게 체계화되어 있고, 또 모든 서류가 담당 실무자의 단독 결제로 끝나는 것이 아니라 다시 계장—과장—국장—실장—차관—장관의 차례로 한 칸 한 칸 결재를 받도록 체계화되어 있는 경우가 선진 제국에도 유례가 있는지 알지 못합니다.

외국의 관리와 교섭하는 우리나라 해외 공관의 각 부처 파견 관리들이 상대방이 실제로 해당 사무를 전담하는 권한을 가지고 있음에도 불구하고 그 직급의 상대적인 고하高下만을 따지며 접촉을 기피하는 예가 적지 않다는 얘기를 듣기도 합니다. '직책'이나 '직권'이 아니라 '직계'職階, 오직 그 관직의 품계만을 중요시한다는 얘기입니다. '일'이 아니라 '자리', '구실'이 아니라 '벼슬'만을 보고 있다고 하겠습니다.

세칭 일류 대학을 나오고 재벌 그룹에 들어가서 큰 기업의 사장이 된 친구가 자기는 꼭 장관을 한번 하고 말겠다고 벼르는 경우도 보았습니다. 농담처럼 털어놓는 그 이유가 실은 진담이다 싶어 재미있습니다. 벼슬을 하지 않는 한 자기는 사농공상士農工商의 가장 낮은 계층인 장사치로 일생을 마치고 말 것이요, 죽은 뒤엔 그저 '학생'學生이라 위패에 적힐 것이요, 족보에는 이름 두 자밖에 기록될 것이 없다는 것이 그 이유라는 것입니다.

# 4

# 공(公)의 세계 없는 기복사상

한편 한국적인 복사상은 '귀'의 개념에 이르러 어떻게 보면 '수'의 개념이 갖는 극사적極私的인 껍질을 깨뜨리고 나오긴 합니다. 그런데도 그것이 더 멀리 나아가지 못하고 결국은 '집안'이라고 하는 또 다른 껍질 속에 갇혀서 밖으로 벗어 나가지를 못하게 하는 것이 족보의 존재요, 족보의 의식이 아닌가 생각됩니다.

'수'가 '나'의 복이요 '부'가 '내 집'의 복이라면, '귀'는 우리 '집안'의 복입니다. '귀'를 하겠다는 제1 동기는 '국가'를 위해서라기보다 먼저 '가문'을 위해서입니다. 극단적으로 얘기하면 나라를 위해서는 그릇된 짓을 해도 벼슬만 하면 가문의 족보를 위해서는 자랑이요, 영광이라는 것입니다. 사실 족보는 국가를 위해 어떤 공헌을 했느냐 하는 것은 기록하지 않고 오직 국가로부터 어떤 관직을 얻었느냐 하는 것만을 기록할 따름입니다. 어떤 임금 밑에서 벼슬을 했느냐, 어떤 시대에 벼슬을 했느냐, 어떻게 벼슬을 했느냐, 그 벼슬로 무엇을 했느냐 하는 것은 크게 문제되지도 않고 별로 소상히 밝히지도 않습니다. 족보가 따지는 것은 오직 어떤 벼슬을 했느냐, 바로 관직의 높낮이뿐입니다.

　말하자면 국가가 아니라 가문을 위해서 '귀'를 바라는 한국적인 복사상에 서는 사람은 벼슬을 하고서도 나라의 '역사'〔國史〕에 책임을 지기보다는 '가문의 족보'〔家史〕를 빛나게 하는 데만 책임을 진다고 볼 수 있습니다.

　개인이나 가문의 고귀한 신분에는 개인이나 가문을 넘어서는 고귀한 도덕적인 의무가 따른다는 이른바 '노블레스 오블리즈'noblesse oblige 의식이란 것은 '귀'의 개념이 가문의 테두리를 벗어나지 못한 곳에서는 처음부터 싹트기 어렵다고 하지 않을 수 없습니다. 그뿐만 아니라 가문의 껍질을 깨고 나오지 못한 곳에서는 사사로운 세계를 넘어서는 공공public의 세계, 열린öffentlich 세계, 집보다 더 큰 세계('공' 公의 일본말 새김＝오오야케는 '큰 집', '大家', '大宅'의 뜻임)[9]는 이뤄 보기도, 생각해 보기도 어렵다고 할 것입니다.

　'나'나 '집'과 같이 한자漢字의 '사'私나 '가'家를 새기는 우리말은 있어도 한자의 '공'公은 그걸 풀이하는 우리말의 새김조차 없다는 것이 바로 그러한 '공'의 세계가 우리나라의 전통 사회나 전통 의식에는 매우 소원한 것이었음을 나타내는 단적인 징표가 아닌가 생각되기도 합니다.

비단 이승에서의 삶의 세계만이 아닙니다. 저승에서의 죽음의 세계에서도 우리들의 의식은 집안의 껍질을 깨고 나가질 못하고 있습니다. 가령 서양 사람들은 죽으면 '하느님 곁으로' 간다고 믿고 있으나, 한국에서는 죽은 육신은 선영에 묻히고 이름은 족보에 들어가 기재됩니다. 우리들에겐 죽음을 통해서 삶의 갖가지 구속 관계가 초극되는 것이 아니라 오히려 완성된다고 볼 수 있습니다. 땅 위의 상대적인 삶이라는 닫힌 세계의 목숨이 죽음을 통해서 절대자의 영원한 열린 세계로 해방돼 가는 것이 아니라 오히려 선영과 족보라는 더 굳게 닫힌, 더 좁은 세계에 묻혀 버리는 것입니다. 비엔나의 중앙공동묘지처럼, 메테르니히에서 베토벤까지 오스트리아 합스부르크 왕조를 빛낸 정치가, 과학자, 예술가들이 한자리에 같이 묻혀 있는 죽은 자의 넓은 도시 '네크로폴리스'가 아니라, 마을보다 더욱 비좁은 '선영'의 산골짜기에, 그리고 역사라고 하는 공변된 개방적인 세계가 아니라 호적보다 더욱 사사롭고 폐쇄적인 '족보'에 묻혀 버리는 것입니다.

결국 사람은 죽어서 집을 떠나는 것이 아니라 죽음으로써 비로소 영원히 집으로 돌아오게 됩니다. 우리나라에서는 죽음조차 집의 테두리를, 가문의 테두리를 초월할 수 없다고 말한 까닭입니다. 달리 말하면 죽음조차 삶을 초월하지 못하고, 삶 이상의 것이 될 수가 없습니다. 그렇기에 죽어서조차 이승에서의 귀천貴賤을 다짐하기 위해 그 위패와 묘비에는 세속의 관작을 주워섬기고 있습니다. 이에 견주어 보아 제2차 세계대전 중에 프랑스의 법통을 지킨 개선장군이요, 제4공화국의 초대 수상과 제5공화국의 초대 대통령을 역임한 샤를 드골이 유언으로 그 묘비에 이름 석 자만 새기게 했다는 사실은 우리들을 생각하게 해 줍니다. 베를린 시장, 독일 외무부 장관과 총리를 지내고 노벨 평화상을 수상한 빌리 브란트도 그 묘비에는 오직 이름 두 자만 새겨 놓고 있습니다.

우리나라 역사를 보면 뒤에 남은 산목숨들의 싸움 때문에 이미 죽은 자에 대해서까지 집안의 연줄을 캐 무덤을 파헤쳤다는 사실, 이른바 부관참시剖棺斬屍가 숱하게 있어 왔습니다마는 그것은 바로 삶과 죽음을 초월한 것이 아니라 연속으로 본 한국적인 사생관死生觀의 단적인 예라고 볼 수 있겠습니다. 죽음조차도 삶의 사사로운 테두리를 벗어나지 못하는 곳에 '공'의 넓은 세계가 열리기 어려움은 당연한 일인지도 모릅니다. 한국적인 복사상에서 '귀'의 개념은 우리나라 사람들의 삶만이 아니라 죽음에까지 그 권능權能을 끼치는 가치관의 기틀이라고 할 것입니다.

'귀'의 개념이 권력의 세계에서는 관작에 따라 사람을 품계화하고 상하의 질서를 체계화한다는 것은 어떻게 보면 정치의 영역에선 불가피한 일이요 관료제도의 당연, 필연한 소산이라고 볼 수도 있을지 모르겠습니다. 그러나 권력의 세계가 아니라 정신의 세계, 벼슬을 노리는 세계가 아니라 벼슬 아닌 다른 가치를 추구하는 세계에서도 똑같이 관작의 고하라는 같은 척도로써 사람을 품계화한다면 거기에는 문제가 있다고 하지 않을 수 없겠습니다.

조선 시대의 도화서 화원畵員이나 장악원掌樂院의 악사樂師, 악생樂生,

악공樂工들의 품계와 같은 옛얘기를 다시 끄집어내자는 것은 아닙니다. 오늘날에도 우리나라의 각종 학술상이나 문화상, 혹은 미술 전람회나 음악 경연 대회의 시상이 반드시 대통령상, 국무총리상, 장관상, 도지사상이 되어야 하는 것인가 하고 한번쯤 물어보고자 하는 것입니다. 헌법기관으로서의 대통령의 권위를 높이 세워야 한다는 생각에 있어서야 누구에게도 뒤지지 않는다고 믿는 사람입니다. 그러나 바로 그렇기 때문에 그러한 대통령의 권위를 갖가지 문화 행사, 운동 경기의 시상에까지 아무렇게나 남용해도 되는 것인지 적이 의심해 보지 않을 수가 없는 것입니다.

노벨상이나 에라스뮈스상, 베토벤상이나 차이코프스키상처럼, 퇴계退溪상이나 추사秋史상, 겸재謙齋상이나 박연朴堧상 또는 신재효申在孝상이면 안 되고 과학이나 철학, 미술이나 음악처럼 정치나 행정과는 전혀 다른 영역에서의 으뜸가는 영광도 하필이면 대통령상, 국무총리상, 장관상이라야만 되는 것인가 하고 묻고 있는 것입니다. 그것은 귀의 개념을 오직 높은 관작으로만 배타적으로 이해한 전통 사회의 복 사상이 그대로 오늘의 한국인, 한국 사회의 의식·무의식 속에 되살아나고 있는 현상이라 보아서 잘못이겠습니까.

민간 주도란 말이 오래전부터 유행어처럼 나돌고 있습니다. 그것은 한국 사회의 근대화를 위해서, 한국 사회의 발전을 위해서 마땅히 이뤄야 할 요청이요 과제입니다.

관 주도에서 민간 주도로 전환되어야 하는 것은 그러나 경제 분야만이 아님은 물론입니다. 문화 분야에서의 활동이 민간 주도로 이뤄져야 한다는 것은 그보다도 더욱 본연의 요청이라고 할 것입니다. 어떤 의미에선 경제 성장의 초기 단계에서는 관 주도의 경제 시책은 필요했으며, 그의 발전에 긍정적인 기여를 했다고도 평가할 수 있을 것입니다. 그러나 국민 경제의 영역과는 달리 문화의 발전에 관이 주도하거나 관이 깊이 개입한다는 것은 불필요한 일이며, 오히려 부정적인 역기능을 할 수도 있을 것입니다.

그런데도 경제 활동만이 아니라 학술·예술·체육을 포함하는 모든 문화 활동에서도 그 영역의 성취나 업적, 그 권위나 가치가 오직 그를 표창하는 행정부 관직의 고하라는 척도로만 평가되는 곳에서, 또 그것으로 평가됨을 자랑으로 여기고 그렇게 평가되기를 바라 마지않는 곳에서 민간 주도의 사회와 문화의 발전을 기대할 수 있는 것이겠습니까.


참된 것이 참된 것으로서 스스로의 자랑이나 보람을 세우지 못하는 곳에, 착한 것이 착한 것으로서 스스로의 자랑이나 보람을 세우지 못하는 곳에, 또는 아름다운 것이 아름다운 것으로 스스로의 자랑과 보람을 세우지 못하는 곳에, 그래서 진·선·미의 세계마저도 오직 벼슬과 자리의 높낮이만을 따지는 '귀'의 세계에 스스로를 내주어 버리고 그럼으로써 참된 것, 착한 것, 아름다운 것이 다만 관작의 척도에 의해서 자리매김되는 곳에, 바로 그러한 일원적一元的인 사회구조 속에서 귀貴·진眞·선善·미美·성聖 등의 가치의 다원화를 기대해 볼 수 있는 것이겠습니까.

주

1  Matin Heidegger, *Holzwege*, Vittorio Klostermann Frankfurt/M, 1957, 210쪽.

2  Karl Deutsch, *The Nerves of Government; Models of Political Communication and Control*, The Free Press, New York, 1963, 180쪽.

3  같은 책, 240쪽.

4  李佑成 歷史論集, 『韓國의 歷史像』, 서울: 創作과批評社, 1982, 254~269쪽.

5  法制處 譯註, 『經國大典』, 1978, 卷之一 吏典 참조.

6  鄭麟趾, 『學易齋集』, 集賢殿疏.

7  申叔舟, 『保閑齋集』, 上文宗論言路宦官疏.

8  李滉, 『退溪集』, 甲辰勿絕倭使疏.

9  新村出 編, 『廣辭苑』第五版, 東京: 岩波書店, 1998.

# 8장

# 복은 어떻게 누리게 되나

# I

# 화복천정과 복인복과

한국의 기층문화로서 전통적인 기복사상을 알아보기 위해 지금까지 우리는 '무엇을'what 복으로 여겨 왔느냐 하는 것을 일차적으로 따져 보았습니다. 그것은 필요한 일이었습니다. 이제 우리는 다음으로 그에 못지않게 중요한 '어떻게'how 사람은 복을 누린다고 생각해 왔느냐 하는 것을 알아볼 차례입니다. 그것은 어쩌면 한국인의 잘 눈에 띄지 않는 일상적인 행동의 동기와 함께 한국 문화의 한 특성을 이해하는 데도 도움이 될지 모른다는 기대를 갖게도 합니다.

복 개념의 내포와 외면을 묻는 의미론적semantical 정의에 이어 복이란 말이 일상적으로 사용되고 있는 실용론적pragmatical 어법을 살펴보면, 복을 '어떻게' 누린다고 생각했는지를 들추어 주는 시사를 얻을 수 있을 것입니다.

우리는 "복을 빈다"고 말합니다. 기복, 축복, 초복招福 등의 한자 숙어도 같은 뜻입니다. 발복發福한다는 말도 있습니다. 이는 "운이 틔어 복이 닥친다"는 뜻입니다. 앞에 든 말투는 사람이 기도나 축원을 함으로써 복을 불러들인다는 것이고, 뒤의 말투는 복이 스스로 때가 되면 찾아온다는 뜻입니다. 전자에서는 복은 사람의 행위에 의해서 '타동'他動되는 목적어가 되어 있고, 후자에서는 복이 스스로 '자동'自動하는 주어가 되고 있습니다. 한쪽에는 인위에 의해서 복은 '얻을 수 있는 것'이라는 기대가 함의되었다고 한다면, 다른 한쪽에는 복은 인간의 의지를 초월한 운명에 의해서 '주어지는 것'이라는 해석이 함축되어 있습니다.

이 글의 앞 부분에서 이미 살펴본 다양한 '복이란 말의 쓰임새'를 가려 보면 복을 어떻게 누리는 것인가 하는 문제를 풀이해 주는 이 같은 '인위론'과 '운명론'이 다 같이 무성함을 알 수 있습니다.

먼저 운명론적인 어용의 실례부터 본다면, 복이란 사람의 의지나 노력과는 상관없이 나타난다는 뜻의 한자 숙어로 복분福分, 복상福相, 복수福數, 복운福運, 복수福手 등이 있습니다. 복이란 사람이 세상에 태어난 뒤에 마음대로 할 수 있는 것이 아니라 사람이 세상에 태어날 때 이미 다복하게 혹은 박복하게 타고난다고 믿은 것입니다. 이러한 운명론의 또 다른 표현이 우리말의 팔자타령입니다. 팔자란 사람이 출생한 연, 월, 일, 시에 해당하는 간지干支의 '여덟 글자'八字가 그 사람의 화, 복, 생, 사를 결정한다는 생각입니다. "부모가 반팔자" 또는 "팔자 도망은 독 안에 들어도 못한다"는 속담은 모든 것을 팔자소관으로 돌린다는 팔자타령입니다. "쪽박을 쓰고 벼락을 피해" 혹은 "뒤로 오는 호랑이는 속여도 앞으로 오는 팔자는 못 속인다"는 속담은 팔자 도망을 꾀하는 사람에 대해서 다시 그의 불가함을 재강조하는 또 다른 팔자타령입니다.

고전 문학 작품 가운데에도 복의 운명론을 내세우는 구절들은 많습니다. "사람이 세상에 나매 수요장단과 화복길흉은 천정한 수니……."[1], "화와 복이 하늘의 뜻에 달려 있으니……."[2], "예로부터 홍안박복紅顔薄福과 성인聖人의 궁액窮厄은 인력으로 어찌할 수 없는 터인즉"[3] 하는 등의 구절이 이른바 화복천정설禍福天定說을 가리키는 말들입니다.

복이란 말에 관련된 어용語用이나 구문構文에는 복의 운명론이나 부작위론不作爲論만이 아니라 인위론人爲論 또는 작위론作爲論을 시사해주는 사례도 많습니다. 가령 '복선화음'福善禍淫이란 말은 착한 사람에게는 복이, 궂은 사람에게는 화가 돌아간다는 말입니다. 착한 사람이 된다, 착한 일을 한다는 것은 인위의 영역이라고 본다면, 운명과 작위의 관계는 제로섬의 관계가 아니라 인사人事가 어느 정도 천명天命을 좌우할 수도 있다는 예상이 거기엔 표백되어 있습니다. "모사謀事는 재인在人이요 성사成事는 재천在天"이라고 하는 말도 하늘이 복을 내리는 일의 성취에 사람의 꾸미는 일이 전혀 무관한 것은 아님을 가리키는 말입니다.

복에 관한 한국인의 표상의 일반적인 특징은 복이 설혹 하늘의 뜻에 달려 있다 하는 경우에도 그러한 하늘의 뜻이 맹목은 아닐 것이라는 믿음입니다. 복을 주고 화를 주는 것은 눈이 어두운 운명의 자의恣意, 무동기 또는 무상無償의 조화가 아니라는 믿음입니다. 한국적인 복사상의 밑바탕에는 아무런 까닭도 없이 사람은 복을 받는 것이 아니라, 그가 복을 받는 데는 그럴 만한 까닭이 있을 것이라는 믿음이 깔려 있습니다. 복인복과福因福果라는 말이 그러한 믿음을 나타내는 말입니다. 여기에서 복인은 좋은 일, 착한 일을 가리킵니다. 좋은 일이 원인이 되어 좋은 결과를 얻는다는 것입니다. 아마도 이것은 무교적巫敎的인 복사상에 미친 불교의 영향이라고 짐작됩니다.

이처럼 화복을 맹목적인 하늘의 무동기, 무상의 소여所與가 아니라 인위의 행실에 대한 인과응보로 보려 했던 믿음은 복을 절대적인 운명론의 지배에서 풀어 주면서 삶에 대한 윤리적, 실천적 동기 부여에 길을 터놓는 결과를 가져다주었습니다. 복이 있고 없음이 비록 팔자 소관이고, 하늘이 정한 운수라고는 하더라도 착한 일을 되풀이해서 복인福因을 자꾸 쌓아 간다면 언젠가는 복과福果가 돌아와서 이른바 '팔자 고침'을 기대해 볼 수 있다, 이러한 생각은 사나운 운수를 어려운 일로 대신해서 면제받는다는 '팔자땜'이란 말에도 표백되고 있습니다.

복전福田, 팔복전八福田이란 말도 복인복과와 같은 맥락에서 나온 불가의 개념입니다. 복전은 불佛·법法·승僧의 삼보와 부모를 공양하고 빈자를 불쌍히 여기는 선행의 결과로 덕이 생긴다는 뜻에서 그 복인이 되는 삼보, 부모, 빈자 등을 가리키는 말입니다. 팔복전도 역시 복을 심는 여덟 가지의 밭으로 두 가지 풀이가 있는 것 같습니다. 하나는 공경하고 공양하며, 자비로 보시해 복이 생기게 한다는 8종의 밭이란 뜻으로 부처님, 성인, 스님네(이 셋이 경전敬田), 화상和尙, 아사리阿闍梨(모범이 되어 제자의 행위를 바로잡는 고승), 아버지, 어머니(이 넷이 은전恩田)에 병든 사람(비전悲田)까지 여덟이 그것이요, 또 다른 팔복전은 복받을 원인이 될 8종의 좋은 일로 먼 길에 우물을 파는 일, 나루에 다리를 놓는 일, 험한 길을 잘 닦는 일, 부모에게 효도하는 일, 스님네에 공양하는 일, 병든 사람을 간호하는 일, 재난당한 이를 구제하는 일, 무차無遮 대회를 열고 일체 고혼孤魂을 제도하는 일이 그 여덟 가지입니다.[4] 복인을 복전이라고 표현한 것은 부처를 공양하면 밭에서 먹을 것을 거두어들이듯 복을 거두어들일 수 있다는 생각을 상징화한 말입니다.

복을 밭에서 거두어들인다는 이러한 생각은 옛글에서 복을 곡식처럼 '심는다', '기른다'는 표현, 또는 곡식처럼 '아낀다'는 표현을 낳고 있습니다.

"충자沖子를 부디 잘 기르되 의복을 검소히 하는 것이 복을 아끼는 도리라."[5]
"검박을 숭상함은 재물을 아낌이 아니라 복을 기르는 도리라."[6]
"원컨대 제 자매는 자녀를 교훈해서 덕을 쌓고 복을 심어 후손까지 영화가 미치게 하소서."[7]

하는 따위입니다.

화복은 이렇게 보면 한갓 팔자의 소관이 아니라 복을 심고 기르고 쌓고 아끼는 사람의 행실, 사람의 성품에 무관하지 않은 것입니다. 그렇다면 어떠한 행실, 어떠한 성품이 복과를 가져다주리라고 기대되던 것일까요. 그것은 복을 '어떻게' 누릴 것인가 하는 물음에 대답을 주는 열쇠가 될 것입니다. 고전 문학에서 이에 관련된 구체적인 보기들을 들어 보면 다음과 같습니다.

"사람이 자고自古로 후복後福이 면원綿遠하려는 이는 목전目前 간고艱苦를 겪음이 떳떳함이라."[8]

"선비先妣께서 녹祿을 일가에 나누시고 일승미一升米를 남겨 두지 아니하시더라."[9]

"아름답고 극진하니 나라의 복이라."[10]

"말씀을 더욱 삼가 가국家國의 복을 닦으소서."[11]

"검박히 하는 것이 복을 아끼는 도리라."[12]

"……저희 평생 소심小心 공근恭勤을 힘입어 복록福祿을 면원綿遠할 듯 아름다이 여기고……"[13]

"이 다 당신 천성 본질이 지극히 착하시기 성자신손聖子神孫이 불식지보不食之報로 대신하여 누리는 줄을……"[14]

이상은 『한중록』에서 뽑아 본 것입니다. 그 밖에 다른 글들에서도 다음과 같은 예문들을 추려 볼 수 있습니다.

"사람으로 살아가면서 어진 일을 해도 복을 못 얻을까 두려워하는 법인데 하물며 사특한 일을 하여 어찌 복이 올까 믿을 수 있겠습니까."[15]

"한림 상공은 오복이 구비한 상이오 겸하여 유씨 대대로 적덕이 많사오니……."[16]

"이러므로 착한 사람은 복을 받고 악한 사람은 앙화를 받는 법이로다."[17]

"오직 원컨대 부인은 이 뒤에도 덕을 쌓아 복을 구하소서."[18]

# 2

# 복사상의 권선징악 기능(?)

위에 든 몇 가지 예를 보더라도 이미 복을 누리게 되리라 기대되는
사람의 성품과 행실이 어떤 것인지는 몇 가지로 정형화되어 있음을
알 수 있습니다. 우선 '후복'이나 '초년고생'이라고 하는 개념들에서
는 찰나주의적, 순간주의적인 향락에서 벗어나 복과라고 하는 복인의
보상을 뒤로 미룬다는 금욕적 · 자기 절제적인 동기, 매우 윤리적인 동
기를 읽을 수 있습니다. 이처럼 '미래'로 유예된, 또는 연기된 보상을
위해서 '현재'에 요구되고 있는 것이 "아름답고 극진함"이요, "삼가
함"이요, "검박함"이요, "조심하고 부지런함"이요, "착함과 어진 일"
이요, "덕을 쌓는 것", 곧 '적선' 積善과 '적덕' 積德입니다.

'무엇을' 복으로 보느냐 하는 한국인의 복사상의 표상이 현세주의,
향락주의, 물질주의, 권세주의 등 무無도덕적 · 탈脫도덕적 특징을 보

인다고 한다면, '어떻게' 복을 누리느냐 하는 방법론적인 물음에서는 한국인의 복사상이 함축하고 있는 또 다른 측면, 윤리적·도덕적 측면을 만나게 됩니다. 그것이 복사상이 갖는 권선징악勸善懲惡의 가능성이라 할 수 있습니다.

말하자면 한국인의 전통적인 복사상에는 인류학자들이 말하는 '존재 지향적인 정향'the Being orientation과 함께 '생성 지향적인 정향'the Being in Becoming orientation이 공존하고 있고,[19] 혹은 존재하는 모든 욕망을 해방 분출시키려는 '디오니소스적인 요소'Dionysian component와 함께 그러한 욕망을 억제, 통제하려는 '아폴로적인 요소'Apollonian component가 공존[20]한다고 볼 수 있습니다. 〈하여가〉何如歌가 한국인의 노래인 것처럼 〈단심가〉丹心歌가 또한 한국인이 노래입니다. '놀부'가 한국인인 것처럼 '흥부'가 또한 한국인인 것입니다.

과연 복을 비는 지극한 마음은 복을 얻기 위해 덕을 쌓을 수도 있고 또 실제로 덕을 쌓아 왔습니다. 장래할 더 큰 후복을 위해 현재의 고생을 감내하고 금욕과 절제의 생활을 하기도 했습니다.

그러나 ―

적선과 적덕, 금욕과 절제가 그 자체에 뜻이 있는 것이 아니라 다만 뒤에 기대되는 복과福果를 얻기 위한 방편으로 있는 것이라면 거기에 참된 윤리적·도덕적 동기를 시인할 수가 있는 것이겠습니까. 덕을 쌓는 것이 복을 누리기 위한 방편에서라면 그것은 공부 그 자체에 뜻이 있는 것이 아니라 벼슬을 하기 위한 수단으로서 하는 공부와 마찬가지라고 할 수도 있지 않겠습니까.

학문에 있어서의 진리는 설혹 그 진리가 나의 삶에 보탬이 되는 것
만이 아니라 나의 삶을 위태롭게 하더라도 그것이 진리라면 진리로서
그대로 받아들이는 데서 이뤄지는 것은 아닙니까. 진리는 그것이 나
의 삶에 복이 되든 화가 되든 아랑곳없이 참일 때 비로소 참일 수 있습
니다. 그 점에선 진리는 나의 내재적인 삶을 초월해 있다고 할 수 있겠
습니다. 그와 마찬가지로 윤리적·도덕적 선도 나의 내재적 삶을 초월
해서 행할 때 비로소 참이 될 수 있는 것은 아니겠습니까.

주

1 『謝氏南征記』(韓國古典文學全集 5권), 서울: 世宗出版公社, 1970, 254쪽.

2 『仁顯王后傳』(같은 全集 4권), 254쪽.

3 같은 책, 238쪽.

4 耘虛 龍夏, 『佛教辭典』, 서울: 동국역경원, 1961(초판)·2001(5쇄), 898쪽.

5 『한듕록: 閑中漫錄』, 53쪽.

6 같은 책, 515쪽.

7 『仁顯王后傳』, 266쪽.

8 『한듕록: 閑中漫錄』, 78쪽.

9 같은 책, 19쪽.

10 같은 책, 31쪽.

11 같은 책, 37쪽.

12 같은 책, 53쪽.

13 같은 책, 349쪽.

14 같은 책, 355쪽.

15 『癸丑日記』, 184쪽.

16 『謝氏南征記』, 53쪽.

17 같은 책, 72쪽.

18 『彰善感義錄』, 108쪽.

19 Florence R. Kluckhohn & Fred L. Strodbeck: Variation in Value Orientation, Greenwood Press. Evanston, Ill., 1976, 15~17쪽.

20 cf. Charls Morris: Paths of Life: Preface to a World Religion, Univ. of Chicago Pr., New York, 1973, Chap. II.

# 9장

# 근대화와 기복사상

# I

# 모든 신앙의 기복 종교화

얘기도 이제 서서히 끝내야 할 때가 되어 가니 그동안 해온 얘기를 한번 간략하게 요약, 정리해 보고 그 전체를 보다 큰 시각에서 재검토해 보겠습니다. 여기서 큰 시각이라고 한 것은 우리나라 기복사상을 한번 밖에서 국외자의 눈으로 본다, 다른 지역과의 비교문화론적인 전망에서 본다는 정도로 이해해 주시면 되겠습니다.

사람은 누구나 행복을 추구하며 삽니다. 이것은 자명한 사실입니다. 아무도 삶의 목적으로 불행을 추구하는 사람은 없을 것이기 때문입니다.

자명하지 않은 것은 사람들이 무엇을 행복으로 생각하느냐 하는 행복의 내용입니다. 언제 어디서나 사람들이 행복을 추구한다는 점에서는 예나 지금이나 다를 바가 없지만, 사람들이 추구하는 행복의 내용,

행복의 표상, 그리고 행복을 추구하는 방법 등은 시대에 따라 지역에 따라 다를 수 있습니다.

오늘날 한국인이 추구하는 행복의 표상이란 어떤 것일까? 나는 그것을 전통적인 기복祈福사상의 변형된 표상이라 생각해 봤습니다.

한국인은 예나 지금이나 자기 자신과 자기 가족과 가까운 친지들의 복을 빌며 살아왔고, 살고 있습니다. 그 복의 내용에 관해선 여러 다른 풀이, 다른 이름들이 주어져 있지만, 전통적으로 수壽·부富·귀貴·다남多男의 네 눈이 알맹이가 되고 있다고 보았습니다. 되도록 오래 살았으면 하는 장수의 복, 되도록 많은 돈을 벌었으면 하는 치부의 복, 되도록 높은 벼슬을 했으면 하는 출세의 복, 되도록 많은 자식을 낳았으면 하는 후사後嗣의 복이 그것입니다.

이 같은 복을 비는 한국인의 기복사상은 한국 문화의 기층을 이루고 있는 무속巫俗(shamanism) 신앙과 서로가 원인이 되고 결과가 되면서 유지되어 왔습니다. 뿐만 아니라 이 뿌리 깊고 끈질긴 기복사상은 우리나라에 들어온 외래의 고등 종교하고도 습합해, 모든 종교를 문자그대로 환골탈태해서 이른바 '기복 종교'로 탈바꿈시키고 있다고 지적되고 있습니다.

부처님 앞에 가서 자식 낳기를 빌고 아들이 대학에 합격하기를 빌고 지아비의 사업이 성공하기를 정성 들여 빌고 있는 사람들의 신앙 행태는 어제오늘에 비롯된 시류 풍습은 아닙니다. 이미 백제·신라 시대부터 치성 기도致誠祈禱라는 의식에 의해서 영응靈應을 얻을 수 있는 수단으로서 존중되었던 우리나라의 불교는 처음부터 '기복적 주술'의 성격이 짙었다고 알려지고 있습니다. 한 저명한 불교학자는 이를 가리켜 "전全 한국 종교사상에 일관하는 기복 양재적祈福禳災的 타력 의존他力依存의 신앙 조류"[1]라 일컫고 있습니다.

부처님 앞에 가서 비는 것은 '남'의 복이 아니라 '나'의 복입니다. 그런 점에선 그것은 이타利他의 행위가 아니라 이기利己의 행위입니다. 거기에는 무아성無我性에의 해탈이 아니라 자아성自我性에의 집착이 보일 뿐입니다. 그렇기에 우리나라에 들어온 노장老莊의 철학이나 불교 사상은 "오해의 역사가 주류를 형성"하고 말았다고 비판되고 있습니다.[2] "염불에는 마음이 없고 잿밥에만 마음이 있다"면 거기에서 종교적인 '참'을 찾아볼 수 있겠습니까. 유교를 건국의 이념으로 삼았던 조선 시대에도 기복사상은 여러 제의祭儀의 형태로 또는 민간 신앙의 형태로 무속 신앙과 함께 줄기차게 맥을 유지해 왔습니다.

기독교의 경우에도 우리나라에서는 많은 부흥회가 신앙 세계의 각성을 촉구하는 모임이 아니라 '복 주고 복 받는 단순한 기복의 자리'처럼 전락하고 있다는 자탄의 소리가 교회 내부에서 밖으로 새어 나오고 있습니다.[3] 하느님을 믿으면 '복 받는다', '성공한다', '천당 간다' 하는 믿음은 궁극적으로 부처님 앞에 가서 복을 비는 기복 신앙과 다를 바 없지 않느냐는 비판의 소리도 있습니다. 더욱이 하느님을 믿음으로써 얻게 되리라고 기대하는 복이 물질적인 복이요 그 성공이 세속적인 성공이라 한다면 기독교는 불교와 마찬가지로 무속화될 것이라고 우려하는 경고도 있습니다.

그뿐만 아니라 한국갤럽조사연구소의 조사에 의하면 하느님을 믿음으로써 가게 되리라는 '천당'도 저승에 있는 것이 아니라 이승에 있다고 생각하는 기독교인이 과반수가 되는 것으로 드러나고 있습니다 (개신교의 경우엔 54.9퍼센트, 천주교의 경우엔 56.6퍼센트).[4]

물론 근대화 이후 산업화된 현대 한국 사회에서 전통적인 농경 사회의 기복사상이 그대로 오늘의 한국인이 추구하는 복의 표상과 일치할 수는 없습니다. 무엇보다도 "아들 딸 구별 말고 하나만 낳아 잘 기르자"는 가족계획의 성공적인 추진과 부부 중심의 핵가족제도가 보편적으로 수용되고 있는 현대 사회에서 '다남자의 복'은 구시대의 유산으로 거의 사멸되어 가는 것으로 보입니다. 그러나 장수를 하고 치부를 하고 출세를 하는 수, 부, 귀의 복은 현대를 사는 한국인에게도 꾸준히 기복사상의 구체적인 목표 가치가 되고 있는 것으로 생각됩니다.

우리들의 삶에 근원적인 동기 부여를 하고 있는 이러한 기복사상은 한국인의 삶에 의해서, 그리고 한국인의 삶을 위해서 형성되는 한국의 문화 전반에도 심대하고 광범한 영향력을 미치는 작용인作用因이 되고 있습니다.

수를 추구하는 복사상이 전제하고 있는 생명지상주의·현세긍정주의, 부를 추구하는 복사상이 함축하고 있는 물질주의·금전지상주의, 귀를 추구하는 복사상에 내재된 출세주의·관존민비사상, 다남을 기원하는 복사상이 지니고 있는 가문주의·남존여비사상 등은 다 같이 지속적으로 오늘에 이르기까지 한국 문화에 특징적인 성격을 주고 있는 한국인의 가치관 형성에 바탕이 되어 왔습니다.

# 2

# 유교적 속박서 풀려난 기복사상

요컨대 복을 비는 한국인의 기복사상이 한국의 전통 사회가 몰락함으로써 함께 와해해 버린 것은 아니라고 보는 것입니다. 그것은 한국 문화의 밑바탕에 들어가 하나의 '문화 전통'이 됨으로 해서 근대화된, 또는 탈근대화를 지향하는 한국의 현대 사회에서도 뿌리 깊게 살아남아 변형된 모습으로 우리들의 삶과 문화에 유지되고 있습니다.

현대 생활에서 수의 사상은 건강식품이나 장수 식·약품의 폭발적인 소비와 수요 증가에서 직접 드러나기도 하고, 환경 문제의 의식화와 환경 보존 운동의 확산에도 간접적인 기여를 하고 있다고 보겠습니다.

부를 추구하는 복사상은 한국 경제의 고도성장에서 기관차 구실을 한 것으로 생각됩니다. 1960년대 이후 한국이 비약적으로 경제 발전을 이룩한 성공 요인을 특히 외국의 일부 관찰자들은 교육을 중요시한 유교의 전통 속에서 찾는 경우를 자주 만나곤 합니다. 하지만 나는 그것은 좀 잘못 짚은 해석이라고 보고 있습니다. 그러한 해석은 유교를 국시國是, 국교國敎의 수준으로까지 끌어올렸던 조선 시대에 경제가 발전하지 못했던 사실을 설명하기가 난감할 것입니다. 1960년대 이후의 한국 사회는 규범 문화로서의 유교의 힘이 강화되었던 것이 아니라 오히려 약화되었습니다. 그럼으로 해서 바로 그러한 유교의 속박으로부터도 풀려난 기복사상이 마음껏 부를 추구하는 사회적·문화적 풍토 속에서 날개를 펼 수 있어서 경제의 고도성장을 가능케 하는 대전제가 되었다고 생각됩니다. 그러한 과정에서 유교의 전통적인 사농공상士農工商이란 계층의식도 점차 무력화 내지 소멸되어 갔습니다. 아니 그러한 계층의식이 이제는 거꾸로 상공인을 가장 높게 자리매김하는 상공농사商工農士로 물구나무를 섰다는 자조적인 계층의식조차 일부 지식인 사회에선 일고 있습니다. 어떻든 유교의 전통이 아니라 오히려 그러한 유교의 전통에서 해방된 기복사상이 마음껏 활개를 치며 부富를 추구할 수 있었기 때문에 비로소 한국 경제의 고도성장은 가능했다고 나는 봅니다. 그리고 그것을 옳다고 믿고 있습니다.

원래 전통적인 농경 사회에서 요·빈·천·무후사라는 삶의 소극적·부정적 처지로부터 벗어나려는 강한 '탈출 동기'에서 나온 기복사상은 경제의 산업화와 정치의 민주화를 촉구한 근대화 과정에 강한 동기 부여와 추진 에너지의 원천이 됐다고 볼 수 있겠습니다. 그러나 그 원초적인 추진력과 추진 동기는 근대화가 성공적으로 진행되는 과

정에서 상대적으로 그리고 경우에 따라서 상당히 약화되거나 후퇴했
으며, 이를 부인하기는 어려울 것입니다.

# 3

# 급증한 자살률, 급감한 출산율

우선 수壽의 문제부터 살펴본다면, 지난 반세기 동안 우리나라 사람들은 지난날의 전통적인 농경 사회에서 보편적으로 위협받던 단명·요절의 위험과 위구危懼에서는 멀리 벗어나 있다고 해서 좋겠습니다. 불과 수십 년 전만 하더라도 60세면 장수를 축하하는 큰 잔치〔壽宴〕까지 베풀고, 70세는 인생칠십고래희人生七十古來稀라 일컫곤 했습니다. 그럴 수밖에 없는 것이 1969년의 우리나라 평균 수명은 53세요, 1971년에 이르러서도 59세로 60을 채우지 못하고 있었습니다. 그러나 그 이후엔 경제 성장에 따른 국민 식생활 개선과 의료 시설의 보급으로 한국인의 평균 수명은 세계에서 가장 높은 증가율을 보이기 시작했습니다. 통계청에서 발표한 유엔의 2005년 세계 101개국 평균 수명 조사 자료에 의하면 우리나라 사람의 1985~1990년 평균 수명은 69.8

세로 조사 대상국 가운데 42위, 그러나 2000~2005년에는 76.8세를 기록해 30위로 뛰어올랐고, 이런 추세라면 2005~2010년에는 78.2세가 되어 미국의 77.9세를 제치고 27번째로 장수하는 나라가 될 것이라 내다보았습니다.[5]

한편 세계의 선진국 그룹인 경제협력개발기구OECD에서 2008년에 발표한 조사 자료에 의하면, 한국인의 평균 수명은 이미 2006년 기준으로 79.1세를 기록해 OECD 국가 평균 수명 78.9세를 0.2세 앞지른 것으로 밝혀지고 있습니다. 2001년 이후 한국인의 평균 수명이 연평균 0.5세씩 증가하게 된 것은 역시 소득 증가에 따른 생활 수준 향상과 생활 양식의 변화, 건강 증진을 위한 투자 증가 및 건강보험 급여 확대 등에 따른 의료 서비스 접근권 개선 등에 힘입은 것이라 하겠습니다.[6]

문제는 지난 세기의 후반에 사람들의 기대 수명이 평균 20년 이상 늘어남으로 해서 수를 추구하는 갈급한 마음이 약화된 데에 그치지 않고 우리나라의 자살률이 급격히 높아지고 있다는 사실입니다. 이것은 한국인의 생활사에 참으로 새로운 형상이라 하지 않을 수 없습니다. 2009년에 발표된 통계연보에 의하면 OECD에 가입한 30개국 가운데 한국의 자살률은 최상위권에 들고 있습니다. 인구 10만 명당 자살률이 한국은 18.7명으로 헝가리, 일본에 이어 3위를 차지하는 가운데 특히 성별로는 여자의 자살률이 11.1명으로 1위를 기록하고 있으며, 남자는 28.1명으로 헝가리, 일본, 핀란드에 이어 4위를 마크하고 있습니다(OECD 가입국 평균치는 인구 10만 명당 전체는 11.88명, 남자가 19명, 여자는 5.4명입니다).[7]

그러나 수복壽福을 추구하는 기복보다 더욱 크게, 더욱 일반적으로 약화되고 있는 것은 다남多男을 바라는 기복사상이라 할 것입니다. 1970년 이후 우리나라 출산율을 통계청 자료에서 매 5년마다 뽑아 보면, 1970년(합계 출산율) 4.53, 1975년 3.47, 1980년 2.83, 1985년 1.67, 1990년 1.59, 1995년 1.65, 2000년 1.47, 2005년 1.08, 그리고 2006년은 1.12로 2년 연속 세계 최하위를 기록하고 있습니다.[8]

가족계획 사업에 대한 사회적인 합의와 그 운동의 적극적 · 보편적 추진은 전통적인 복사상 가운데서 적어도 '다남'의 복은 반시대적인 것으로 이미 사멸해 가는 것으로 보입니다. 2007년 연말에는 미국의 권위지 『뉴욕타임스』도 "남아선호사상이 극심했던 한국인이 이제는 딸을 선호하는 풍조로 급격히 변하고 있다"고 보도한 일조차 있었습니다.[9] 그러나 다른 한편으로는 더 많은 자식을 얻기 위한 성행위는 그 같은 구체적인 목적에서 해방되어 단순히 더 많은 섹스를 추구하는 추상적인 행위로서 조금도 약화되지 않은 채 살아 있는 것으로 보입니다. 이른바 '정력제'라고 하는 식 · 약품에 대한 한국인의 소비 수요, 수입 수요가 세계에서 으뜸간다는 보도가 그를 입증하는 것 같습니다.

제2차 세계대전 이후 서독, 일본에 이어 '제3의 경제 기적'이라 칭송되기도 하고 '한강변의 기적'이라 일컬어지기도 한 우리나라의 경제 발전은 1960년 당시만 하더라도 1인당 국민 소득이 100US$에도 미치지 못하는 세계 최빈국이었는데, 그런 한국을 불과 반세기 만에 세계 10~15위권의 경제 대국으로 탈바꿈시켜 놓았습니다. 어떤 면에서 부富를 추구하는 기복사상의 근원인 빈貧도 수壽를 추구하는 기복사상의 근원인 요夭와 마찬가지로 근대화의 과정에서 상당한 수준에서 해소됐다고 볼 수는 있습니다. 그러나 부익부富益富의 추구처럼 부는 보다 많은, 보다 큰 부를 탐하는 욕망을 약화시킨다고는 볼 수가 없고, 현실적으로도 약화되지 않고 있습니다. 부의 기복사상은 예나 지금이나 조금도 쇠잔하지 않고 있고 꼭 그래야 할 개인적·사회적 당위성도, 또는 도덕적 강제성도 없어 보이며, 하물며 경제적 필연성은 더더욱 찾을 수가 없을 것입니다.

그러나 오늘의 한국 사회·문화에 특히 지속적이요 심층적인 영향을 끼치고 있는 정통적인 복사상은 '부'보다도 그 이상으로 '귀'의 사상이 아닌가 생각됩니다. 왜냐하니 '귀'의 문제는 이미 앞에서 보아온 것처럼 한국인과 한국 사회에 있어 '가치'의 문제와 직결하고 있기 때문입니다. 이에 대해서는 다시 장을 바꿔 좀 더 자세히 살펴보기로 하겠습니다.

주

1 李箕永, 「韓國文化史上의 佛敎와 道敎」(第7回 韓日佛敎學術會議 發表 論文集 『佛敎와 道敎』, 圓光大學校 附設 宗敎問題硏究所, 1980), 33쪽.

2 같은 논문, 32쪽.

3 『朝鮮日輔』1981년 7월 31일자 문화면, 「敎會부흥운동 문제점 많다」題下 기사.

4 이 책의 39쪽 '각주' 참조.

5 『동아일보』, 2005. 11 .8.

6 연합뉴스, 2008. 7. 24.

7 연합뉴스, 2009. 4. 6.

8 http://www.index.go.kr/egams/stts/jsp/potal/stts/PO_STTS_IdxSearch.jsp?idx_cd+1

428&stts_cd=142801&clas_div=&idx_sys_cd=&idx_clas_cd=1

9 Where Boys were Kings, a Shift toward Baby Girls, The New York Times. Dec. 23. 2007.

# 10장

# 복(福)의 비판적 성찰

# I

# 수·부·귀·다남의 공약수

 

 

수, 부, 귀, 다남의 기복사상에 내재된 여러 특징을 파헤쳐 살펴본 결과, 우리는 거기에 다음과 같이 서로 상통하는 공약수가 있다는 것을 알게 되었습니다.

우선 수, 부, 귀, 다남에는 모두 다 '나'를 동심원同心圓의 축으로 하는 자기중심의 개인주의적·이기주의적 복의 개념이라는 공약수가 자리 잡고 있습니다. 수는 '나'의 목숨의 복이요, 부는 '나'의 가족의 복이며, 귀는 '나'의 가문의 복이고, 다남은 '나'의 후사의 복입니다. 거기에는 '나'를 초월하는 남, 타자의 존재가 개입할 수 있는 여지가 없습니다.

한편 수, 부, 귀, 다남은 궁극적으로 모두 다 양量의 개념, 보다 많은 것을 추구하는 양의 개념이라는 공약수를 갖습니다. 보다 더 오래 살고, 보다 더 큰 재산을 모으고, 보다 더 높은 벼슬을 하고, 보다 더 많은 아들을 두고자 하는 복의 추구는 양量의 선善을 추구하는 윤리라고할 수도 있습니다. 사회철학자 짐멜Georg Simmel의 말을 빌리자면, "그것은 '보다 많은 삶으로서의'als mehr Leben 복이요, '삶보다 이상의 것'Mehr als leben을 추구하는 복은 아닙니다." [1]

결국 복사상에 내재하는 이와 같은 현실주의, 현세주의, 자아중심주의, 양의 윤리 등은 그를 부정적으로 표현한다면 '나'를 넘어서는 '남'과의 세계, 타자他者의 세계가 열리지 않는다는 것, 그리고 현실적·현세적인 것을 넘어서는 다른 차원의 세계, 차안此岸의 세계를 넘어서는 피안彼岸의 세계, 초월의 세계가 열리지 않는다는 것으로 볼 수 있습니다. 요컨대 타자他者의 부재, 초월超越의 부재라는 특징을 여기에 부각시켜 볼 수가 있겠습니다.

타자의 부재.
초월의 부재.

이 양자는 복사상의 기저에 깔려 있으면서 한국 문화의 기본적인성격을 이루는 특징이 아닌가 하고도 생각됩니다.

'나'와 대등한 '남'의 존재를 인정하고 그러한 타자의 매개를 통해서 서로 같은 세상을 살며 저마다 같은 권리로 복을 추구하는 많은 남과의 공존. 거기에서 비로소 열리는, 나만의 '집'보다 더 큰, 더 넓은 '커다란 집'(오오야케＝大家, 大宅, 公＝日本語)의 세계, 나私만의 세계가 아니라 많은 '남'과 더불어 있는 '공公의 세계'res publica, 내 집안의 닫힌 세계가 아니라 집 밖으로 열려 있는(offen, öffnen, öffentlichen＝독일어) 공중의 세계, 공론의 세계, 곧 '공론권'Öffentlichkeit의 세계가 한국의 사회·문화에는 쉽게 자리 잡지 못하고 있는 것 같습니다. 그것은 바로 '타자의 존재'가 시야에 들어오지 않는 복사상의 자폐적·자아 중심적 성격에 원인이 있는 것이 아닌가 생각됩니다.

타자의 부재라는 복사상이 시사하는 한국 사회·문화의 특징은 그것을 우리나라의 전통 문학 작품이 자못 놀랍게도 가시적으로 보여주고 있습니다. 보여준다고요? 아니, 안 보여주고 있습니다. '가시적으로' 안 보여준다? 이 자가당착적인 역리逆理를 사전에 해명하기 위해서 실은 이 글의 맨 처음 '담론에 들어가기 전의 잡론雜論'이란 수다떨기에서 '없는 것을 본다'는 얘기를 끄집어냈던 것입니다. 우리나라의 기층문화의 하나로 본 기복사상에 관한 이 담론의 마지막 대목에 당도하니 이제부턴 '없는 것을 본다'는 얘기를 좀 해볼까 하고 있습니다.

# 2

# 타자(他者)의 부재

　타자의 부재가 낳은 한국 문학의 자못 놀라운 특징이란 다른 것이 아닙니다. 우리나라 고전 소설에는 도무지 '친구'가 작품에 나오지 않는다, 친구가 보이지 않는다는 사실입니다. 『구운몽』, 『사씨남정기』 같은 꽤 긴 장편의 양반 문학에서부터 〈춘향전〉, 〈심청전〉에 이르는 서민들의 판소리 사설에 이르기까지 우리나라의 전통 소설 작품에는 도통 '친구'라는 존재가 등장하지 않는 것입니다. 이게 만일 사실이라면 (공부가 모자란 과문한 사람의 소견이라 사실은 그렇지 않을 수도 있을지 모릅니다. 만일 그렇지 않다는 것을 아시는 분은 그 보기를 가르쳐 주시기를 간곡히 바라 마지않습니다!), 그것은 이 사람의 만만치 않은 문학사적 발견, '없는 것을 찾아본' 발견이라 혼자 자부하고 있습니다. 가령 셰익스피어 비극의 외로운 주인공 '햄릿'에게조차도 '호

레이쇼'라는 친구가 그림자처럼 따라다니고 있습니다. 하지만 우리나라 양반 문학의 대표적인 장편 소설 작품 『구운몽』의 주인공 양소유나 서민 문학의 판소리 작품 〈춘향전〉의 이몽룡, 〈심청전〉의 심학규에게는 마지막까지 단 한 사람의 친구도 등장하지 않습니다.

## a. 친구가 나오지 않는 한국 소설

우리나라의 전통 문화에는 친구의 존재가 문학 작품에 부각돼 있지 않을 뿐만 아니라 '우정'에 관한 논의도 거의 찾아볼 수 없을 정도로 빈약한 것 같습니다. 그러나 우정에 관한 논의가 쇠락하고 있음을 알게 된 것은 나의 발견은 아닙니다. 임형택林熒澤 교수로부터 계몽받은 것입니다. 임 교수에 의하면 이미 조선조 중세에 '종적縱的 윤리가 치밀하게 발달했던 반면 횡적橫的 윤리는 결여된 것으로 특징'을 이룬 권위주의적 양반 사회에선 붕우유신朋友有信의 우정이 시사하는 평등 윤리가 제대로 꽃필 수는 없었다는 것입니다. 그것을 의도적으로 작품의 주제로 삼고 가장 예리하게 다룬 사람이 실학자 연암燕巖 박지원朴趾源이었습니다. 그 밖에도 성호星湖 이익李瀷 역시 그에 대한 날카로운 논의를 전개했고,[2] 그뿐만 아니라 다시 조선 시대 지성사史 최고의 이단으로 알려진 교산蛟山 허균許筠도 이들보다 200년 앞서 '우정의 세계'를 긍정적으로 논한 글을 남겨 놓았다고 알려지고 있습니다.[3] 현대 한국의 대학 입시 준비를 위한 사설 학원 난립의 문제에 앞서 조선 시대 과거제도의 폐해가 붕우유신이라는 친구 사이의 신의를 무너뜨

린다는 다산茶山 정약용丁若鏞의 논의는 앞에서 귀貴의 문제를 다루면서 이미 소개했으니 여기서는 생략하겠습니다.

친구, 우정, 우정론이 이처럼 우리나라의 전통 문화에서는 생소한 범주가 되고 있다는 사실은 특이한 것으로 봐야 할 것 같습니다. 다시한번 고전적 고대 그리스의 경우와 비교해 보겠습니다.

행복론의 비교 고찰을 위해 특히 고전적 고대 그리스의 경우를 자주 거론하게 됩니다만, 여기에서 그 까닭을 한번 따져 보고 넘어간다면 그것은 다음과 같은 잘 알려진 이유 때문입니다.

첫째, 그리스는 스위스의 역사학자 레이놀드Gonzague de Reynold도 지적한 대로 제한된 좁은 공간에 장차 펼쳐질 유럽을 축소해서 그려 준 하나의 모상模像(Abbild)이요, 바로 유럽의 서문序文 또는 '머리말'Vorwort이라는 '대표성'을 갖기 때문입니다.[4] 8할이 산악 지대로 이뤄진 고대 그리스는 수많은 도시국가로 갈라지고 있어 "헬라스는 하나의 '나라'가 아니라 하나의 '세계'였다"고도 일컫고 있습니다.

둘째, 그러한 고대 그리스에서 오늘날 제기되고 있는 거의 모든 문제들은 발견되었으며, 그를 사색하기 위한 뭇 학문과 주요 개념들도 그 근원적인 형태에서 대부분 형성됐습니다. 나아가 관념론, 실재론, 회의론, 유물론, 감각주의 등 세계관적 사고의 여러 가능성도 빠짐없이 논의되었습니다. 그런 뜻에서 그리스 사상은 "과거의 것임과 동시에 현재의 것"이라 일러지기도 합니다.[5]

마지막으로 셋째, 고대 그리스가 '복'의 연구를 위해서 우리를 잡아 끄는 보다 직접적인 이유는 로마인도 아니요 유대인도 아니라 바로 그리스인이 행복의 문제를 철학적 사색의 핵심 주제로 삼고 있었기 때문입니다. "행복은 그리스 철학에서 사람의 고유한 삶의 의미를 이루는 궁극의 목표, 최고의 선善이었습니다."[6]

더욱이 고대 그리스인의 행복에 관한 논의가 우리에게 흥미로운 것은 그곳에서는 마치 한국의 복사상이 그러한 것처럼 아직 그리스도교와 같은 고등 종교의 세례를 받지 않은, 그러한 것에 '오염' 또는 '승화'되지 않은, 삶의 원초적 욕구와 소망, 행복의 본원적 표상과 추구를 만날 수 있겠다는 기대감 때문입니다.

"다른 민족들은 성자聖者들을 갖고 있다. 그리스 사람들은 현자賢者들을 갖고 있다"[7]고 니체는 말하고 있습니다. 그러나 한국인의 전통적인 복사상과 비교를 하기 위해서는 종교적 차원의 성자들만이 아니라 철학적 차원의 현자들에 대한 논의도 같은 차원에서 비교할 수 있는 대등한 지평을 마련해 준다고는 할 수 없겠습니다.

우리들의 복사상은 성자의 것이 아닌 것과 마찬가지로 현자의 것도 아닙니다. 아리스토텔레스 투의 구별에 따르면 그것은 '뛰어난 사람들'이 아니라 '보통 사람들'의 복사상입니다. 따라서 우리들의 복에 관한 표상을 그리스인의 행복관과 비교한다고 하더라도 그것은 플라톤이나 아리스토텔레스와 같이 '뛰어난 사람들'의 것이 아니라, 당시 일반 시민들의 행복에 관한 표상을 여기서는 알아봐야 할 것입니다.

우리말로는 한마디로 '(행)복'이라 하더라도 고대 그리스어에는 저마다 함축이 다른 세 낱말, '운수가 좋다'는 뜻의 '에우튀키아'eutykia, '나는 행복해' 할 때의 '에우다이모니아'eudaimonia, 그리고 종교적 축복에 가까운 뜻의 '마카리오테스'makariotes의 세 가지 말이 있다고 합니다. 굳이 우리말로 옮겨 보면 '행운', '행복', '정복'淨福쯤으로 구별할 수 있을지 모르겠습니다.

## b. 고대 그리스인의 '행복'과 친구

고대 그리스의 일반 시민들이 무엇을 행복이라고 생각했는지에 대해선 다행히 당시의 뛰어난 철학자들이 그들의 글 속에 구체적으로 적어 놓은 대목들을 쉽게 찾아볼 수 있습니다. 시간과 노력을 절약하기 위해서 여기에는 다만 내가 그동안 섭렵한 약간의 그리스 고전에서 뽑은 행복의 명세, 고대 그리스인이 행복한 삶을 위한 '구성 요인'이라고 생각한 것들을 한번 나열해 보겠습니다.

좋은 가문, 건강, 아름다움, 건장한 신체, 체력, 경기 능력, 재산, 명성, 명예, 자식의 번성, 많은 좋은 친구, 덕, 행운, 행복한 노년, 훌륭한 최후 등등입니다.[8]

이것을 우리나라의 복사상과 비교해 본다면 우선 '수'의 개념과 다소 관련이 있는 것으로는 '건강', '행복한 노년'을 들 수 있겠고, '부'는 '재산'과 맞먹겠습니다. '귀'에 걸릴 만한 것으론 '좋은 가문', '명성', '명예' 들을 끌어들일 수가 있습니다. 그리고 '다남'은 '자식의 번성'과 맞아떨어질 것입니다.

한국의 전통적인 복사상에는 전혀 포함되지 않은, 가령 '아름다움', '건장한 신체', '체력', '경기 능력' 등을 들고 있는 것은 올림픽 경기의 발상지인 그리스, 그리고 "건강한 정신은 건강한 신체에 깃든다"고 믿은 그리스 사람들이 내세운 행복의 명세답다고 하겠습니다. 그러나 위의 명세를 보며 무엇보다 우리들의 눈을 끄는 것은 '많은 좋은 친구'를 행복의 요건으로 들고 있다는 사실입니다.

　가령 세상의 모든 것을 분류하고 범주화해서 체계화한 아리스토텔레스는 사람의 행복도 자기 자신에 속하는 내적인 선善과 밖으로부터 주어진 외적인 선의 두 부분으로 나눈 다음, 내적인 선에는 자기의 정신에 관련된 선과 자기의 육체에 관련된 선을 든다면, 외적인 선으로는 혈통, 친구, 재산, 명예 등을 들고 있습니다. 여기에 거론한 '친구'에 대해서 그는 "많은 친구를 갖는다는 것, 좋은 친구를 갖는다는 것이 행복의 요건이라는 점은 친구란 말의 정의를 보면 스스로 밝혀진다. 친구란 상대방을 위해서 좋다고 생각되는 일을 순전히 상대방을 위해서 해 주는 사람을 말한다. 그러한 사람을 많이 가진 사람이 많은 친구를 갖는 사람이요, 그러한 사람이 뛰어난 사람이면 그는 좋은 친구를 가진 사람이 된다"고 밝히고 있습니다.[9]

　나아가 아리스토텔레스는 같은 책에서 다시 한번 새로 한 장을 꾸미며 우정의 정의, 우정의 상대, 우정의 종류, 우정의 조건 등을 상론하고 있습니다. 요컨대 "친구란 필연적으로 좋은 일을 함께 좋아하며 괴로운 일을 함께 괴로워하는데, 그것도 다른 이유에서가 아니라 상대방을 위해서 그렇게 하는 사람"이라는 것입니다.[10]

인간 윤리의 중심 주제로 무릇 행복을 '최고선'最高善으로 다루며 풀이하고 있는 아리스토텔레스의 『니코마코스 윤리학』에서는 사랑(필리아)을 다루는 대목에서 좋은 사람은 친구 보기를 자기 자신처럼 본다는 의미에서 "친구는 제2의 자기"라 일컫고도 있습니다.[11] 우리들의 주목을 끄는 것은 그에게서 이처럼 친구의 존재와 그 의의가 강조되고 있는 배경에는 인간의 본성에 관한 아리스토텔레스의 고유한 철학이 깔려 있다는 사실입니다. "인간이란 폴리스적·사회적인(폴리티콘) 것이며, 삶을 남(他人)과 같이하는 것을 본성으로 한다"는 견해가 그것입니다. "이것은 따라서 행복한 사람의 경우에도 타당하다"고 그는 부연하고 있습니다.[12]

우정의 소중함에 대해서는 소위 서양 사상사 최초의 향락주의자 epicurian로 통하는 에피쿠로스도 조금도 소홀히 하지 않고 있습니다. 그는 "무엇보다도 우정을 얻는 능력이야말로 지혜가 행복에 기여할 수 있는 단연 가장 소중한 능력이다"라는 잠언을 남겨 놓았습니다.[13]

### c. 키케로의 '우정론'

로마 시대에 들어와서는 정치가, 웅변가, 사상가인 키케로Cicero의 '우정론'이 압권입니다.

우정은 그에게 있어 "만인의 관심사"[14]요, "생활필수품이라는 물과 불 못지않게 언제나 필요한 것"[15]이며, 그것은 "인간의 약점이 아니라 본성에서 기인했다는 사실이 우정을 더욱 위엄 있고 진실한 것으로

만들어"[16] 준다는 것입니다.

우정에 이처럼 큰 비중을 두는 까닭은 다른 것이 아닙니다. 우정은 키케로에게도 "우리의 최고 최선의 목표인 행복"에 직결되기 때문입니다. "우정이야말로 인간들이 추구할 만한 가치가 있는 모든 것, 명예, 영광, 마음의 평정, 쾌활함을 내포하고" 있으며, "이러한 것들이 있다면 인생은 행복할 것이고, 이런 것들이 없다면 행복할 수 없는 것"이기 때문입니다. 바로 그렇기 때문에, 우리의 최고 최선의 목표인 행복과 직결하기 때문에 "인생에서 우정을 앗아 가는 자들은 말하자면 세상에서 태양을 앗아 가는 것이나 다름없다"고까지[17] 키케로는 단언하고 있습니다.

복의 문제를 생각해 보고 있는 우리에게 키케로의 우정에 관한 담론이 흥미로운 것은 그것이 행복이라는 큰 주제의 맥락에서 다뤄지고 있다는 사실뿐만 아니라, 그것이 우리들이 생각하는 복의 표상과는 대척적으로 논의되고 있다는 점에서 더욱 그렇습니다. 그에게도 "더러는 부富를, 더러는 건강을, 더러는 권세를, 더러는 관직을 우선시"[18] 하는 사람들이 시야에 잡히지 않는 것은 아닙니다. 키케로도 현실은 직시하고 있는 사람입니다. 그도 "우정보다 자신의 관직과 정치적·군사적 권력과 출세를 우선시하지 않을 사람들을 찾기란 쉽지 않을 것"을 알고 있는 현실주의자입니다. "인간의 본성은 권력을 무시하기에는 너무나 허약하기 때문"[19]이라는 것을 알고 있는 사람입니다. 그러나 그럼에도 불구하고 키케로는 "우정이야말로 모든 사람들이 이구동성으로 그 유용성을 인정하는 유일한 인간사"이기 때문에 많은 사

람들은 부富도, 높은 관직도, 그 밖에 다른 것들도 무시하고 있다는 것입니다.[20]

뿐만 아니라 기복사상에서는 '나'를 동심원의 축으로 하는 외곽의 가장 큰 테두리로서의 가문, 인척도 우정 앞에서는 힘을 잃게 됩니다. 그것을 설명하는 키케로의 논리는 매우 설득력이 있어 보입니다.

"진정한 우정은 인척 관계보다 더 힘이 있네. 인척 관계는 선의善意 없이 존재해도 우정은 그렇지 못하기 때문이네. 우정에서 선의가 빠지면 우정이라 할 수 없지만, 인척 관계는 선의가 빠져도 존속하니까 말일세."[21]

더 나아가 우정의 문제가 기복사상과 관련해서 주목되는 궁극적인 논의는 '초월'의 문제와 관련이 있다고 내게는 생각됩니다.

어원적으로 우정amicitia이란 말은 사랑amor에서 파생했고, 사랑과 우정이란 두 단어는 '사랑한다'amare란 말에서 나왔답니다. 키케로에 의하면 사랑이란 이해관계를 떠나 선의를 맺어 주는 것이며, 사랑한다 함은 "사랑의 대상을 필요나 이익을 떠나 자진해서 좋아하는 것"을 말한다는 것입니다. 사랑은 이해관계나 자기 필요를 떠남으로써, '초월'함으로써 가능하다는 것입니다. 자기의 이익이나 필요를 초월한 '선의의 유대', 이 세상에서 그걸 제거해 버린다면 "가정도 도시도 존립할 수 없을 것"[22]이란 얘기는 우리가 생각해야 될 '나'를 넘어서는 '공公'의 세계, 공동체, 공화체res-publica와 관련해서 다시 한번 생각해 보기로 하겠습니다.

서양 사상, 특히 서양의 행복에 관한 표상에는 이처럼 핵심적인 중요성을 갖는 친구의 존재가 '나', '내 식구', '내 집안' 밖에 있는 타자로서 우리들의 복사상의 시야에는 전혀 잡히지 않고 있습니다. 그와 마찬가지로 우정의 개념도 우리들의 전통적인 사상에서는 매우 생소한 범주였습니다.

친구를 행복의 한 요건으로 간주한 유럽 세계에서는 위에 간단히 몇 가지 예를 들어 본 고대 그리스·로마 시대의 플라톤과 아리스토텔레스, 키케로 이외에도 아우구스티누스와 토마스 아퀴나스로부터 몽테뉴와 F. 베이컨, 스피노자와 샤프츠버리, 칸트와 헤겔, 니체와 키르케고르 등 일일이 그 이름들을 죄 들 수 없을 정도로 많은 사람들이 우정에 관한 방대한 문헌을 남겨 놓았습니다.[23]

이번 담론을 시작한 맨 처음 본론에 앞선 '잡론'에서 수다를 떨었던 얘기를 지금 다시 한번 떠올려 보는 것도 좋을 것 같습니다. 나는 그때 미국에서 죽은 음악가 스트라빈스키가 대서양을 횡단하고 이탈리아 베네치아로 건너가 다시 외딴섬 이솔라 산 미켈레에까지 가서 묻혔다는 얘기를 했습니다. 그 까닭인즉 42년 전에 죽은 그의 친구이자 은인인 디아길레프 곁에 묻히기 위해서였다는 것을 나는 현지답사를 통해서 비로소 깨달았습니다. 그와 함께 나는 서베를린 시장과 독일 총리를 역임한 빌리 브란트가 그의 영원한 안식처로 자기를 정치적으로 키워 준 에른스트 로이터 초대 서베를린 시장 묘지 바로 뒷자리를 선택했다는 사실, 또는 로스트로포비치(첼로)와 함께 소련 시대 러시아 음악의 '꿈의 트리오'라 일컫던 레오니드 코간(바이올린)과 에밀 길레스(피아노)가 모스크바의 노보데비치 수녀원 묘원의 한 묘지에 함께 묻힌 사실에 대해서도 소개해 드렸습니다. 그것은 단순히 글로 적은 우정론이 아니라 주검(屍身)으로 입증한 우정론의 가시적인 기념비라 생각했기 때문입니다. 유럽에서 이처럼 쏟아져 나온 우정론의 문헌과 자주 대하게 되는 그의 실물 사례들을 접할 때마다 나는 타자의 부재, 친구의 부재, 우정론의 부재로 특징지워지는 우리나라 사회·문화의 바탕에 똬리를 틀고 있는 복사상에 상도하게 됩니다.

# 3

# 초월(超越)의 부재

우리들의 기복사상은 이미 보아 온 것처럼 '나'를 가장 크게 확대한 '가문'을 넘어서 그 밖의 타자를 받아들이지 않고 있습니다. 그러한 타자를 받아들이고 끌어안기 위해서는 자기 초월이 있어야 하겠습니다. 하지만 바로 그러한 '초월'이야말로 '타자'에 못지않게 기복사상과는 가장 소원한 범주의 개념이라 할 것입니다. 여기서 우리는 또 하나의 '없는 것을 본다'고 할 수 있겠습니다.

이미 '수'에 관한 글을 시작하기에 앞서 그 서두에 인용한 소크라테스의 말은 이러한 '초월'의 문제를 생각해 보는 아주 원초적이자 근본적인 사고의 좋은 실마리가 되지 않을까 생각됩니다.

"……우리에게 가장 중요한 것은 '그냥 사는 것'이 아니라 '훌륭하게 사는 것'"[24]이란 말이 곧 그것입니다.

## a. '보다 많은 삶'과 '삶 이상의 것'

잘 아시는 것처럼 이 말은 사형 선고를 받고 독배를 마셔야 하는 친구를 구출하기 위해 만반의 준비를 다 갖추고 탈옥을 권유하러 찾아온 크리톤에게 소크라테스가 한 말입니다. 여기서 우리는 두 가지 얘기의 실마리를 끄집어내 볼 수가 있습니다. '그냥 사는 것'과 '훌륭하게 사는 것' 사이에는 삶의 내재적內在的 차원과 초월적超越的 차원의 갈림이 있습니다. 그냥 되도록 오래만 산다는 것은 짐멜의 개념을 빌려서 말하면 '보다 많은 삶'als mehr Leben을 추구하는 차원이요, 후자는 '삶보다 많은 것', '삶 이상의 것'mehr als Leben을 추구하는 차원입니다. 목숨의 연명을 보장해 주는 탈옥을 거절하고 독배를 마시기로 결단한 소크라테스는 '삶보다 이상의 것'을 위해 '보다 많은 삶'을 포기한 것입니다. '수'를 포기한 것입니다. 우리는 여기서 우선 수사상에 부재한 '초월'을 만나게 됩니다.

그 다음으로 우리는 탈옥 권유를 거절한 소크라테스의 최후의 결정에서 역시 우리들에게는 생소한 '아르스 모리엔디'ars moriendi, 곧 죽음의 예술, 어떻게 죽을 것인가를 스스로 결정하는 '죽음의 선택'을 만나게 됩니다. 거창한 얘기가 될 듯해서 좀 조심스럽기도 합니다마는 '어떻게 죽는가' 하는 이 문제는 일찍이 동서양을 가르는 한 경계선이 되기도 했던 것처럼 내게는 느껴집니다.

철학자 야스퍼스는 인류의 역사가 배출한 가장 위대한 성인으로 소크라테스, 불타佛陀, 공자孔子, 예수 네 분을 들고 있습니다. 그분들의 심오한 가르침은 여기서 접어 둔다 하더라도 겉으로 드러난 네 분의 삶과 죽음이 그러한 경계선을 암시해 주는 것처럼 보입니다.

불교와 유교 — 동양 사상에 큰 물줄기를 열어 놓은 붓다는 80세까지, 그리고 공자는 73세까지 천수를 다하고 자연사를 했습니다. 그에 비해서 그리스 철학과 그리스도교, 헬레니즘과 헤브라이즘, 서양 사상에 또 다른 큰 물줄기를 연 소크라테스와 예수는 다 같이 자연사가 아니라 독배를 마시고 혹은 십자가에 올라 목숨을 끊었습니다.[25]

한쪽에서는 죽음이 사람에게 찾아왔다고 한다면, 다른 한쪽에서는 사람이 죽음을 찾아갔다고 할 수가 있겠습니다. 한쪽은 굳이 의도하지 않았던 죽음이라고 한다면, 다른 한쪽은 일부러 의도한 죽음이었습니다. 죽음을 뜻〔意志〕한 것이 아니었기 때문에 한쪽에는 죽음 그 자체엔 큰 뜻〔意味〕이 없었다고 한다면, 다른 한쪽의 경우에는 죽음은 뜻〔意志〕한 것이었기 때문에 죽음 그 자체에 큰 뜻〔意味〕이 있다고 볼 수가 있습니다. 공자와 붓다에 있어서는 그분들의 죽음이 아니라 어떻게 살았느냐 하는 그분들의 삶에 깊은 뜻과 가르침이 있다고 한다면, 소크라테스와 예수에게서는 그분들의 삶에 못지않게 어떻게 죽었느냐 하는 그분들의 죽음에 더 큰 뜻과 가르침이 있다고도 생각됩니다.

'초월의 결여'라는 복사상의 특징은 현세주의적 유교의 영향과 어울려 이 땅에 들어온 고등 종교를 거의 예외 없이 기복 종교화하고 말았습니다.[26] 심지어 유교의 조상 숭배까지도 초월적인 사자死者를 위한다기보다는 생자生者를 위한 명당 찾기, 족보 치장 등에서 보듯이 후손의 부귀영화라는 현세주의적 당대발복當代發福을 위한 그럴싸한 명분이 되고 있음을 봅니다. 이에 대해서는 일찍이 막스 베버도 '세계종교의 경제윤리'Die Wirtschaftsethik der Weltreligion를 천착한 그의 저서에서 중국의 정통正統 유교도가 제사를 지내는 것은 수壽와 다남多男과 부富를 위해, 곧 자신의 현세적 운명을 위해um des eigenen diesseitigen Schicksals willen, 그리고 아주 약간이지만 선조들의 복을 위해 하는 것이지 자기의 내세來世(Jenseits)를 위해 하는 것은 결코 아니라는 것을 밝혀 놓았습니다.[27]

'초월의 결여'가 낳은 한국 문화의 또 다른 특징은 이미 다른 곳에서 지적한 일이 있는 것처럼, 외국의 경우 연극이나 무용, 미술이나 문학에서 흔히 보는 '죽음의 예술'ars moriendi이 우리나라에서는 거의 눈에 띄지 않고 있다는 데서도 찾아볼 수 있겠습니다. 그러나 따지고 본다면 '죽음의 예술'이 있기 위해서는, 적어도 거기에는 사후死後의 세계, 저승, 내세來世에 대한 어떤 믿음이 전제된다고 볼 수 있습니다. 그러나 이에 대해서도 막스 베버는 정통의 유교에선 모든 내세의 희망Jenseitshoffnung에 대해서 압도적으로 불가지론적·소극적인 기분이 우세했으며, 그 밖에도 거기에는 어떠한 종말론Eschatologie도, 어떠한 구제설Erlösungslehre도, 도대체 어떠한 '초월적인'transzendent 가치나 운명을 위한 노력도 부재했다고 지적하고 있습니다.[28] 여기서도 우리는 다시 한번 '없는 것을 보았다'고 하겠습니다.

## b. 학문의 세계와 초월

나아가 초월의 부재는 절대자를 추구하는 종교사상이나 철학사상의 발전에도 제약 요인이 되었을 뿐만 아니라 과학사상의 발전에도 제약 요인이 되었지 않았는가 짐작해 봅니다. '기술'은 그를 개발한 사람의 이익에 봉사한다는 점에서 인간적이요, 인간의 내재적 · 주관적 목적을 위해서 있습니다. 그러나 '과학'은 그를 연구하는 사람의 이익에 직접 봉사하는 것은 아닙니다. 과학은 인간의 내재적 · 주관적 이익을 추구하기보다 그러한 것을 '초월'한 객관적 진리의 탐구를 통해서 발전합니다. 그렇기에 과학적 진리의 발견은 때에 따라 그를 발견한 사람에게 불이익을 안겨 주는 경우도 있습니다. 지구의 과학은 지구의 공전 원리를 발견한 지동설 주창자에게 죽음의 불이익을 안겨 준다 하더라도, "그래도 지구는 돈다"고 말할 수 있을 때 비로소 발전할 수 있었던 것입니다.

철학사상이나 과학사상만이 아니라 어떤 면에서는 보다 일반적으로 모든 학문이 학문으로서 성립하고 존립하기 위해선 학문하는 사람의 자기 초월이 전제돼야 한다고 해서 좋지 않을까 생각됩니다. 이에 대해선 최근에 평생을 한국의 교육과 교육학에 몸바쳐 온 한 원로 학자가 '한국에서 학문이 가능한가'라는 매우 갑급하고 도전적인 부제를 단 저서에서 근본적인 문제 제기를 해놓고 있습니다. "학적 업적 내지 학적 수월성보다는 여러 학외적學外的 업적의 출중성에 따라 학자를 평가하는 사회 풍토", 바꿔 말하면 "우선 관변官邊 기타 여러 기관의 '벼슬'에 따라 학자를 평가하는 풍조", 게다가 학자들 스스로 "기회만 있으면 벼슬하려는 사람이 꽤 많고, 남들도 그렇게 벼슬한 학자를 더 드러내고 더 인정"하며, 그뿐만 아니라 "옛날에 장관을 지냈다가 현직 교수로 돌아온 사람에게도 거의 반드시 '김 교수'가 아니라 '김 장관'이라고 부르는 풍조", 요컨대 "학문이란 벼슬하기 위해서 하는 것이라는 옛날 관학관官學觀의 긴 그림자가 지금도 드리워지고 있는 풍토"를 그는 지적하는 것입니다.[29] 바로 이 글에서 밝히는 일방적으로 편협하게 왜곡되고 있는 한국적인 귀의 사상이 그의 뿌리가 되는 관학관입니다.

어떤 면에서는 이것은 조선 왕조 500년을 지배해 온 유교 전통의 유산이라고 해야 할 것입니다. 유교의 경제 윤리를 '경전經典의 교양을 쌓고 관록을 먹고 있는 현세적·합리주의적 벼슬아치의 신분 윤리'die Standesethik einer literarisch gebildeten weltlich-rationalistischen Pfründerschaft 라 규정[30]하는 베버는 듣기에도 좋은 '선비'Literaten라 일컫는 유교 문화권의 '독서인'讀書人 계층이 출사出仕(Fürstendienst)해 관직Amt을 구하면서 어떻게 변모하는지를 보여주고 있습니다. 선비들은 권력과 함께 잊어서는 안 될 수익을 자기들에게 가장 유리한 곳에서 얻을 수 있는 기회를 찾았다는 것입니다.[31] 그래서 중국의 경우에는 "국가제도가 점점 더 관록화함에 따라 선비 계층Literatenschciht의 당초엔 그처럼 자유로웠던 정신 활동이 중단되었다"고 적고 있습니다.[32]

정신의 자유가 없는 곳에는 자유를 탄압할 필요가 없다는 것은 당연한 이치입니다. 정신의 자유가 없는 곳에는 이단異端의 사상도, 불온한 사상도, 탄압할 사상도 없다는 것도 그에 못지않게 당연한 이치입니다. 공부를 한다는 것은 책을 읽는다는 것이요, 책을 읽는다는 것은 우선 경전을 읽는다는 것이었습니다. 그리고 공부를 하고 책을 읽는다는 것은 과거를 보기 위해서이고, 과거를 본다는 것은 출사해서 벼슬을 하기 위해서였습니다. 그러한 선비들의 책을, 장서를, 장서의 출판을 도대체 통제, 탄압할 필요가 있겠습니까. 무릇 책이란 좋은 것이요, 젊은이가 책 앞에 앉아 있다는 것은 『춘향전』의 한 대목에서 보듯 그것만으로도 부모를 기쁘게 해 주는 기특한 일이었습니다. 이 글의 맨 처음 담론에 들어가기 전의 '잡론'에서 살펴본 것처럼 우리나라는 일찍부터 인쇄Press 기술의 선진국이었음에도 불구하고 우리 역사에는 유럽의 역사에서 흔히 보는 체계적인 언론press 탄압의 사례가 없었다는 것은, 어쩌면 우리나라의 철두철미했던 척사위정斥邪衛正의 전통적인 사회·문화의 바탕에서 이해될 수 있지 않을까 생각됩니다.[33]

## c. 예술의 세계와 초월

근대적인 학문이 가능하기 위해서는 학문하는 사람들이 그 속에 묻혀 살고 있는 학문 외적, 일상−세속적인 세계에서 학문의 자기 목적적 세계로의 초월이 전제가 되고 있다 하겠습니다. 학문만이 아닙니다. 예술의 창작 행위에서도 마찬가지입니다. "모든 예술은 초월의 방법이다"라고 명쾌하게 밝히고 있는 김우창 교수는 예술이란 "범속한 인간의 생존이 던져져 있는 좁은 테두리를 넘어서려는 데서 그 출발을 갖는 것이다"라고 적어 놓고 있습니다. 그러면서 김 교수는 다소 난삽하게 들릴 수도 있는 초월의 개념을 매우 평이하게 풀이해 줍니다. "사람이 스스로를 넘어선다는 것은 쉽게 말해 큰 관점에서 스스로를 파악하고 또 산다는 말이다"라는 것입니다. 한 걸음 더 나아가 그것은 "있어야 할 인간의 모습에 의한 있는 인간의 극복"을 의미한다는 것입니다.[34]

있는 그대로의 인간의 모습에서 있어야 할 인간의 모습으로 극복한다는 것은 곧 짐멜의 개념으로는 '삶보다 이상의 것'을 추구한다는 얘기와 통하는 말입니다. "삶이란 바로 그저 삶이 아니라는 것"dass das Leben eben nicht bloss Leben ist,[35] "삶이란 애초부터 자기를 넘어서는 것에 다름 아니라는 것"es ist von vornherein gar nichts anderes als das Über-sich-Hinausgreifen,[36] 삶이란 본시 자기 초월에 다름 아니라는 것을 짐멜은 강조하는 것입니다. 그리고 이러한 삶의 파악은 곧 짐멜의 문화 철학에서 본질적인 전제가 되는 것처럼 보입니다. 그에 의하면 문화는 일반적으로 원래는 삶의 내부에서, 그리고 삶을 위해서 형성된 여러 범주가 삶의 내부에서 벗어나 자기 스스로의 가치를 갖는 형식의 독자적인 형성자가 될 때 성립한다고 합니다.[37] 그것은 어떤 의미에선 삶이 삶의 밖으로 나가 삶과는 다른 것을 추구한다는 것이라고 볼 수 있습니다. 그것을 짐멜은 삶의 "이념으로의 전화轉化"Die Wendung zur Idee라는 주제 밑에 다루면서 삶과 예술의 관계에 관해서 다음과 같이 적고 있습니다. "예술은 삶의 타자他者라는 것dass sie das Andere des Lebens ist에 의해서, 곧 삶의 실제, 우연성, 시간의 유실, 목적과 수단의 무한한 연쇄로부터의 해방에 의해서 비로소 스스로의 이념, 가치, 그리고 권리를 얻을 수 있다는 것입니다."[38] 모든 예술은 초월의 방법이자 거꾸로 초월이야말로 모든 예술의 방법, 아니 예술의 근본 전제가 된다고 말해서 좋을 줄 압니다.

지금까지 한국적인 기복사상에 소원한, 기복사상에서 잡히지 않고 있는 '타자'와 '초월'의 두 개념에 관해서 좀 긴 산책을 해봤습니다. 다시 본론에 돌아와서 살펴본다면, 역시 오늘의 한국 사회·문화에 특히 지속적이요 심층적인 영향을 끼치고 있는 정통적인 복사상은 다른 무엇보다도 '귀'의 사상이 아닌가 생각됩니다. 왜냐하니 '귀'의 문제는 '가치'의 문제와 직결하는 문제기 때문입니다.

### d. 소유 가치와 체험 가치

가치란 선호하는 관점이라고 보았습니다. 문화의 영역에 문화 외적인 가치 척도가, 권력의 가치 척도가 틈입해서 지배한다는 것은 곧 문화의 영역 내부에 스스로 선호하는 관점이 결여되었거나 빈약하다는 것을 뜻합니다. 문화 내부의 독자적인 가치관의 빈곤 또는 부재가 문화 외부의 가치관의 틈입을 유혹하고 그를 불러들여 용납하는 것입니다.

문화 내부의 가치관의 빈곤 내지는 부재로 생기는 공백은 물론 '귀'라고 하는 관료적 가치 척도 외에 '부'라고 하는 경제적 가치 척도에 의해서도 메워질 수 있습니다.

한 장의 그림을 그림 그 자체가 갖는 심미적 '가치'에 따라서 음미하지 않고 그 그림에 매겨지는 상품적 '가격'에 따라 평가한다거나, 한 연주회를 연주 그 자체가 갖는 음악적 가치에 따라 감상하기보다 그 연주회의 입장권에 매겨지는 '가격'의 고하에 따라 평가하곤 한다는 세태가 그 보기입니다.

한동안 그림의 호당 가격에 따라 화가를 위계화하고, 다시 그 그림의 크기에 따라 호당 가격의 곱셈을 해서 비싼 값을 매겨 놓으면 작품은 보지도 않은 채 유명 화가의 그림이 전람회가 개막도 되기 전에 매진되었다는 사례는 한국적 복사상의 품계의식, 양量의 선善, 양의 미학을 모르고선 이해하기 어려운 우리나라 문화의 진기한 현상이라 할 것입니다.

이와 같은 문화(?) 현상, 혹은 반反문화 현상에서 드러나는 것은 곧 비평 정신의 결여입니다. 여기엔 우리나라의 언론도 적지 않은 책임이 있는 것으로 여겨집니다.

좀 오래된 옛얘기기는 하지만 그걸 그대로 여기에 소개하는 까닭은 내 게으름 탓에 최신의 자료를 얻지 못했기 때문이기도 합니다만, 실은 그때나 지금이나 별로 크게 달라지지도 않은 것 같아 그대로 인용해 보는 것입니다. 서울의 대표적인 한 일간 신문의 문화면을 내용 분석한 조사 결과를 보면,[39] 한 달 동안 69건의 연극 공연, 음악회, 미술 전시회가 있었음이 보도되었으나 이러한 문화 행사에 대해서는 그 신문에 오직 한 건의 비평이 실려 있을 뿐, 그 밖에 68건의 연극 공연, 음악회, 전람회에 대해선 외부의 비평가나 편집국 내부의 기자들이 쓴 단 한 줄의 논평도 없었습니다. 그렇다면 70건에 이르는 문화 행사에 관한 보도란 도대체 무엇일까요? 그것은 모두가 행사의 예고 기사들이었습니다. 앞으로 있을 행사의 소개 또는 안내 기사들입니다. 신문사의 문화부 기자들까지 포함해서 아직 아무도 구경하지 않은 연극의, 아무도 듣지 않은 음악회의, 아무도 보지 않은 전람회의 안내 기사들입니다.

아직 구경하지도 않은 행사에 대해서 긴 얘기가 늘어져 있다면, 그것은 도대체 누구의 얘기일까요? 그것은 구경한 사람의 얘기가 아니라 구경을 시키고 싶은 사람의 얘기입니다. 공연 작품이나 전시 작품을 제3자인 '남'으로서 감상한 사람의 입장에서가 아니라, 남들에게 '나'의 작품을 감상시켜 보겠다는 사람, 그러한 작품을 어떤 형태로든지 '팔겠다'는 사람의 입장에서 늘어놓는 얘기입니다. 그리고 제3자인 남이 아직 구경도 하기 전에 작품에 대해서 하는 말이란 실은 '보도'가 아니요 '비평'은 더군다나 아니며, 그것은 한낱 '광고'에 지나지 않습니다.

비평은 작품이 발표된 뒤에 나오고, 광고는 작품이 발표되기 앞서 나옵니다. 문화 행사에 대한 '사전' 기사만 신문에 실리고 그에 대한 '사후' 기사가 실리지 않는다는 것은 우리나라 언론의 비평 부재를 입증하는 단적인 사례라 할 수 있습니다. 나는 그것을 우리나라 신문 문화면의 '광고주의화'라고 불러 보기도 했습니다.

무릇 비평이 가능하기 위해서는 비평 대상을 감상하고 평가하는 일정한 가치의 척도, 가치의 기준이 있지 않으면 안 됩니다. 그러한 자기 자신의 가치 척도, 자기 자신이 선호하는 관점이 결여된 곳에 그 공백을 메우는 것은 광고의 가치, 금전적 가치가 될 수도 있습니다. 혹은 권력의 가치, 행정적·관료적 가치가 될 수도 있을 것입니다.

### e. 가치관의 다원화와 비평 정신

비평 정신이 개화하기 위해서는 비평 대상을 보는 다양한 관점, 다양한 가치 기준이 열려 있지 않으면 안 됩니다. 교조주의적·독단주의적인 하나의 관점, 하나의 가치 기준이 지배하는 곳에 비평 정신이 꽃을 피울 수는 없습니다.

그러나 더욱 근원적으로 보면, 비평이 있기 위해선 그보다 앞서, 비평 대상을 수용하고 그 속에 침잠해서 그 내실을 음미하고 감상하는 체험이 선행되지 않으면 안 됩니다.

책을 가지고 있다는 것만으로 책을 비평할 수는 없습니다. 그림을 소장하고 있다는 것만으로 그 소장가가 곧 그림을 비평하는 사람이 될 수 있는 것은 아닙니다. 책을 비평하기 위해서는 책을 읽어야 하고, 그림을 비평하기 위해서는 그림을 보아야 합니다. 감상해야 합니다. 그 내용을 깊숙이 체험하지 않으면 안 됩니다.

문화의 소산이나 예술 작품을 비평하기 위해선 먼저 그 비평 대상을 체험해야 됩니다. 문화·예술 작품에는 그를 구입하기 위해 투자하는 금전으로 환산되는 '상품 가치'만 있는 것이 아닙니다. 그를 감상하기 위해서 투자하는 시간의 강도와 질로써 평가되는 '체험 가치'라는 것이 또한 거기에는 있습니다.

정신의학자 빅토르 프랭클Viktor Frankl은 '세계의 수용受容에 있어, 가령 자연이나 예술의 아름다움에 귀의歸依함에 있어' 실현되는 '체험 가치'Erlebniswerte를 창조 활동에서 실현되는 '창조적 가치' 못지않게 사람의 삶에 풍요로운 의미를 주는 것으로 평가하고 있습니다.[40]

창조적 가치가 주어지면 절로 비평이 성립되는 것은 아닙니다. 비평은 그러한 창조적 가치를 시간을 들여 감상하고 음미하는 체험 가치를 누려 본 사람에 의해서 비로소 이뤄질 수 있습니다.

수, 부, 귀의 어느 복에도 낄 수 없는 체험 가치의 위축, 체험 가치의 무시는 오늘의 한국 문화가 보여주는 매우 특징적인 빈혈 현상을 설명해 준다고 해서 좋을지 모릅니다. 한 줄의 시, 한 폭의 그림 또는 그저 한 그루의 수목조차도 그 대상에 몰입해서 그 아름다움을 맛보는 '체험 가치'를 추구함이 없이 다만 그것들의 소유 가치, 수집 가치만을 추구하는 곳에 알찬 문화 예술이 개화할 수는 없을 것입니다. 한국 문화의 '비평 부재' 현상은 근본적으로 한국인의 삶에서 '체험 가치'가 망각, 소실된 데에 더욱 깊은 원인이 있다고 해서 잘못이 아니라 생각됩니다.

『한중록』을 보면 저자 혜경궁 홍씨의 숙제叔弟에게 영조英祖가 "근년은 아무 글을 짓사오셔도 보내오셔 '평론하라' 하시고……" 하는 대목이 눈에 띕니다.[41] '평론'이란 말이 조선조 국어 어휘로 이미 쓰이고 있었다는 전거로서만이 아니라 문장의 비평이 무엇인가를 암시해 주는 면에서도 매우 흥미 있는 고전 문헌의 한 대목입니다.

하나의 문장은 일단 그를 지은 사람의 손을 떠나면 그 필자를 초월한 작품으로서 비평의 대상이 됩니다. 그리고 일단 글이라고 하는 문학 작품이 비평되기 위해서는 그 '글'은 그 필자나 독자를 초월한 객관적인 대상으로서 '사람'을 떠나 있지 않으면 안 됩니다. 필자가 군왕이냐 아니냐, 평론하는 독자가 신하냐 아니냐 하는 인간관계는 문제가 되지 않습니다. 비평을 위해서는 그러한 '사람'의 관계는 죽지 않으면 안 됩니다. 비평이 가능하기 위해서는, 적어도 비평의 대상을 평론하는 마당에서는 글을 쓴 사람과 읽는 사람이 대등한 존재가 되지 않으면 안 됩니다.

평론하는 신하가 군왕의 눈치나 살피고 감언이설로 아첨이나 한다면 비평이란 이뤄질 수 없습니다. 비평이 가능한 지평은 '나'와 '남'이 관직이나 지위의 고하를 초월해 대등한 존재로서 비평 대상을 중심으로 내놓고(공개적으로) 기울어짐 없이(공정하게) 자유롭게 논의(공론)할 수 있는 열려 있는 세계(공론권, Öffentlichkeit), 사사로운 '나'private의 세계가 아니라, 공변된 '공'public의 세계입니다.

스스로 지은 글을 보내 주며 평론하라고 한 영조의 말은 무릇 글이란 '나'를 초월한 '남'의 눈으로, '타자'의 눈으로 보아야 한다는 것을 시사하고 있어 좋습니다. 타자의 눈, 타자의 존재, 바로 그러한 타자의 수용이 비평의 전제이며, 그리고 그러한 전제 위에서 '공'의 세계는 열립니다.

기복사상이 기층을 이룩한 우리나라의 전통 문화에는 '나'를 초월하는 타자의 존재, '나'私를 초월하는 '공'公의 세계, 주관을 초월하는 객관의 차원, '보다 많은 삶'을 초월하는 '삶보다 이상의 것'이 열리기 어려운 답답한 단원적單元的 가치 구조가 자리 잡고 있다는 분석에서 이 글은 출발했습니다. 그리고 그러한 전통 문화의 특징은 변용된 형태 속에서 계속 현대의 한국 사회에도 작용인作用因으로 영향을 끼치고 있다고 보았습니다.

그렇기에 한국의 사회·문화의 발전을 위해서는 바로 그러한 전통 문화의 껍질을 깨고 가치관의 다원화와 비평 정신의 회복이 요청된다는 것이 이 글이 제언하고자 하는 명제입니다. 그리고 그러한 가치관의 다원화와 비평 정신의 회복은 다른 어떤 분야보다도 앞서 문화, 예술, 언론의 분야에서 이뤄져야 하고 이뤄질 수 있다는 것이 나의 소신입니다.

# 4

# 21세기의 보편 윤리와 기복사상

이젠 얘기를 끝낼 마지막 대목에 온 것 같습니다. 그에 앞서 다시 한 번 꼭 강조해 두고 싶은 것은 우리나라의 기복사상을 다른 문화권과 비교하면서 드러난 차이를 결코 비교 대상과의 우열을 논하는 가치 평가로서 받아들이지 말았으면 하는 것입니다. 비교 분석은 어디까지나 서로가 '다르다'는 사실 인식을 위한 것이지 어느 한쪽이 다른 것에 비해 '낮다' 혹은 '못하다' 하는 가치 판단을 위한 것은 아니라는 점입니다.

그러고 보면 그동안의 기복사상에 대한 성찰이 지나치게 '비판적'이어서 자칫 그의 부정적인 측면만 일방적으로 과장한 것이 되지 않았을까 하는 우려도 없지 않습니다. 그렇기에 이제 마지막으로 꼭 해야 되겠다 싶은 것은 기복사상의 긍정적인 면을 부각시켜 봐야겠다는 것입니다.

먼저 밝혀 두어야 할 점은 그동안 알아보려 했던 우리나라의 기복 사상은 어디까지나 한정된 역사적·사회적 시공간에서의 '복'의 개념을 다루고 있다는 점입니다. 역사적으로는 대충 조선 시대의 중기 이후 근·현대사에 이르는 시기요, 사회적으로는 국가의 차원에서나 민생의 차원에서나 가난과 궁핍이 일반화하고 있던 시대의 기복사상입니다.

따라서 기복사상의 네 눈인 수, 부, 귀, 다남자의 갈구는 요, 빈, 천, 무후사가 보편화되었던 가난과 궁핍의 시대에 거기에서 벗어나려는 일반 서민의 강한 탈출 동기가 그 바탕에 있었다고 보았습니다.

최근에 '아시아의 행복론'이란 커다란 전망의 시각에서 이슬람 문화권, 힌두 문화권, 동아시아 문화권에서의 행복관을 특히 '욕망'과 관련해서 세 범주로 분류하는 경우를 보게 됩니다. 첫째 자연욕망형, 둘째 욕망조정형, 셋째 욕망초극형이 그것입니다.[42]

물론 기복사상은 그런 분류 유형으로 보면 자연욕망형의 하나로 볼수가 있겠지요. 그것은 못 가진 것을 갖고자 하는 자연스러운 욕망이라 볼 수가 있겠습니다. 그것을 더 다급하게 표현해 본다면 요, 빈, 천, 무후사라는 못 가진 고통에서 벗어나려는 욕망이 간절했기 때문에 욕망의 조절이나 욕망의 극복에 앞서 수, 부, 귀, 다남자라는 자연 욕망을 추구하는 기복의 동기도 강인했다고 볼 수 있겠습니다.

빈곤, 결핍이라는 '고통'이 있었다는 사실의 이해가 중요한 줄 압니다. 욕망의 조절이나 극복을 설교하는 철학자들도 결손의 고통에서 벗어나려는 욕구는 대체로 긍정적으로 평가하는 것 같습니다. 아리스토텔레스도 지혜로운 사람은 고통 없음을 추구한다고 적고 있습니다.[43]

염세주의 철학자로 알려진 쇼펜하우어도 "행복은 환상에 불과하나 고통은 현실이다" le bonheur n'est qu'un rêve, et la douleur est réelle라는 볼테르의 말을 인용하면서 다음과 같이 부연하고 있습니다. '행복하게 산다'는 것은 '덜 불행하게, 참을 만하게 산다'는 것으로 이해하는 데서 행복론의 가르침은 시작된다는 것입니다. 가장 격렬한 희열이나 향락에 의해서 인생의 행복을 측정하려고 하는 사람이 있다면 그는 잘못된 잣대를 잡고 있는 셈이요, 그에 반해서 고통은 사람이 그를 적극적·긍정적으로 감지하는 것이기 때문에 고통이 없다는 것이야말로 인생의 행복을 측정하는 참된 잣대라는 것입니다.[44]

나 개인적인, 어디까지나 개인적인 소견으로는 이미 언급한 대로 전통적인 기복사상의 네 눈 가운데서 '다남'의 복은 현대 한국 사회에서 가장 먼저 사멸하게 될 복의 눈이며, 또 그러함이 마땅하다고 생각하고 있습니다.

그와는 달리 이 담론에서 따로 집중적으로 다뤄 보면서 크게 문제 삼았던 '귀'에 대해선 그것이야말로 한국의 전통적인 기복사상에서 특히 한국적이며 오늘에 이르기까지 한국 사회·문화 전반에 걸쳐 가장 광범위하고 심층적인 영향을 미치고 있다고 생각하고 있습니다. 참고로 적어 두자면 중국 『서경』書經의 오복五福에는 '귀'貴가 들어 있지 않습니다. 우리는 '귀'를 다각도로 살펴보았습니다. 그렇다고 해서 한국의 '귀'사상에 전혀 취할 만한 긍정적인 면이 없다고만 말할 수는 없겠습니다. '세계에 으뜸간다'고 하는 우리나라의 교육열, 향학열, 고등 교육의 보급 등은 바로 '귀'의 기복사상의 소산이라 해서 좋을 줄 압니다. 그러나 잘 아시다시피 세상사 만사가 산이 높으면 골이 깊은 법입니다. 세계에 으뜸이라는 우리나라의 교육열도 마찬가지겠습니다. 하지만 그건 여기에선 덮어 두고 넘어가겠습니다.

기복사상의 '부'의 눈에 대해선 물질적인 차원에서나 정신적인 차원에서나 한국의 사회·문화에 미만하고 있는 무선별의 망라주의, 최고주의, 다다익선주의를 부정적·비판적으로 희화화했습니다. 나아가서 우리나라의 종교 상황과 신앙 형태에 관해서는 그의 다신론, 범신론적인 상황을 짚어 보면서 필경은 그것이 한국적인 무신론의 한 발현 양태가 아닌가 하고도 생각해 보았습니다.

### a. 한국적 휴머니즘을 위하여

나는 근래에 와서 그러나 이 점을 갈수록 긍정적, 적극적으로 평가하려는 입장으로 돌아서고 있습니다. 다신론, 범신론이라는 것은 일신론—神論을 믿는 신앙인으로부터는 무신론이란 비판을 받을 것이고, 또 받아 마땅하다 하겠습니다. 그러나 다른 측면에서 본다면 일신론에서는 사람이 신神을 섬긴다고 한다면, 우리나라의 무교나 기복 종교와 같은 다신론, 범신론에서는 거꾸로 신이 사람을 섬긴다고 볼 수도 있습니다. 한국의 기복사상에서는 어떤 절대자, 초월자 또는 '하느'

님, 심지어 열심히 제사를 모시는 선조, 저승의 부모보다도 오직 지금 이승에서 목숨을 얻어 살고 있는 '사람'이 우주의 중심이요 만물의 척도가 된다고 하겠습니다.

지중해의 정신을 철학하고 노래한 프랑스의 지성 폴 발레리는 "인간이 만물의 척도라고 한 프로타고라스의 말은 본질적으로 지중해적 성격을 갖는다"[45]고 적은 일이 있습니다. 지중해적 성격이란 무엇입니까. 그것은 이미 기원전 5세기경에 유럽, 아프리카, 소아시아의 3대륙이 지중해를 통로로 해서 서로 왕래하고 교류함으로써 꽃을 피운 인류 최초의 다多대륙 다多민족 참여의 다多문화 정신이라고 하겠습니다. 나는 서양이 세계를 지배한 지난 500년은 구대륙 유럽과 신대륙 미국 사이의 대서양이 제2의 지중해가 된 세기, 그리고 그 뒤를 이어 지금 전 세계가 비로소 하나의 세계로 지구화globalize되고 있는 21세기는 지구 위의 마지막 대양 태평양조차 제3의 지중해가 되는 세기란 비유를 곧잘 하고 있습니다. 우리나라 '부'富의 기복사상이 갖는 무선별의 망라주의, 다다익선주의 내지는 종교적·이념적 다신론, 범신론은 바로 이러한 제3의 지중해 시대, 전 지구가 하나의 세계가 되는 다문화 시대에 제법 걸맞은 정신적 스탠스요, 모든 다양성과 이질성 속에서도 인간을 만물의 중심에 세우는 한국적 휴머니즘의 바탕이 되지 않을까 하고도 생각해 봅니다.

그리고 끝으로 '수'의 기복사상은 지구 환경의 기후 변화와 함께 예측할 수 있는, 또는 예측할 수 없는 자연적·인위적 대참사가 인류의 생존을 실제적으로 위협하고 있는 오늘날에는 생존을, 살아남기

survival를 최고의 가치로 전제하는 21세기의 위험 세계를 사는 인류의
보편적 윤리가 돼서 마땅하다고 생각됩니다.

주

1 Georg Simmel, Lebensanschauung. Vier metaphysische Kapitel. Verlag von Duncker & Humblot, München und Leipzig, 1918, 20쪽.

2 林熒澤,『韓國文學史의 視角』, 서울: 創作과批評社, 1984, 147~170쪽.

3 같은 책, 100~109쪽.

4 Gonzague de Reynold, Europas Einheit. Jerusalem, Griechenland, Rom. Verlag Anton Pustet, München, 1961, 57쪽.

5 Johannes Hirschberger, *Geschichte der Philosophie. Altertum und Mittelalter.* Verlag Herder, Basel Freiburg Wien, 1965; 요한네스 힐쉬베르거, 강성위 옮김, 『서양철학사 (상)』 '고대와 중세', 대구: 이문출판사, 1981, 46쪽.

6 Walter Brugger, Philiosophische Wörterbuch, Verlag Herder, Freiburg, Basel, Wien, 1981, 150쪽.

7 Friedirch Nietzsche, *Die Philosophie im tragischen Zeitalter der Griechen,* Karl Schlechta (hg.) Friedrich Nietzsche. Werke in Drei Baäde. Carl Hanser Verlag, München, 1960, Bd. III, 356쪽.

8 다음과 같은 문헌에서 뽑아 본 고대 그리스인이 생각한 행복의 구성 요소들임.

The History of Herodotus (transl. By George Rawlinson), Chicago, 1952, 6~7쪽.

Platon, *Nomoi* (übers. v. F. Schleichermacher), Rowohlts Klassiker. Bd. VI, 631a~b.

Platon, *Gorgias,* Rohwolts Klassiker. Bd. I, 452b.

Aristoteles, *Rhetorik* (übers. v. F. G. Sieveke), München, 1981, 1360 b · 1380 b30~1381 a30.

Aristoteles, *Die Nikomachische Ethik* (übers. v. Manfred Fuhrmann, und Olof Gigon), München, 1998.

＊학계의 관례에 따라 Platon 저서의 인용은 Stephanus판(版)의 면(面)과 행(行)의 숫자를, Aristoteles 저서의 인용 면은 Becker판의 숫자를 표시함.

9 Aristoteles, *Rhetorik*, 1316 b30.

10 위의 책, 1381 a10.

11 Aristoteles, *Die Nikomachsiche Ethik*, 1166 a30.

12 위의 책, 1169 b10~20.

13 Epikur, *Philosophie der Freude* (v. Johannes Mewaldt), Alfred Kröner Verlag, Stuttgart, 1973, 59쪽.

14 Cicero, *Cato maior de senectue/Laelius de amicitia et Somnium Scipionis*; 키케로, 천병희 옮김, 『노년에 과하여 우정에 관하여』, 숲, 2005/2009, 100쪽.

15 위의 책, 118쪽.

16 위의 책, 127쪽.

17 위의 책, 138쪽.

18 위의 책, 117쪽.

19 위의 책, 149쪽.

20 위의 책, 165쪽.

21 위의 책, 116쪽.

22 위의 책, 119쪽.

23 '우정의 철학'을 논한 포괄적인 문헌의 명세는 다음을 참조. Joachim Ritter (Hg.), *Historisches Wörterbuch der Philosophie*, Bd. 2 Schwabe & Co. AG. Verlag, Basel/Stuttgart, 1971, 1104~1114쪽.

24 Platon, *Kriton*, Rohwolts Klassiker. Bd. I, 40쪽.

25 야스퍼스는 "아마도 그의 죽음 없이는 소크라테스가 그처럼 큰 영향을 끼친 사람이 될 수는 없었을 것"이며, "그러한 죽음 없이는 예수가 그리스도로 되지는 못했을 것이고 부활자가 되어 신앙의 대상이 되지는 못했을 것이다"고 적고 있습니다. Karl Jaspers, Die massgebenden Menschen: Sokrates, Buddha, Konfuzius, Jesus. R. Piper & Co. Verlag, München, 1980, 200쪽.

26 柳東植, 「巫教의 大海: 韓國宗教의 어제와 내일」(한국미래학회 편, 『미래를 묻는다』, 1970, 128~135쪽) 참조.

27 Max Weber, *Gesammelte Aufsätze zur Religionssoziologie* Vol. 1, J. C. B. Mohr (Paul Siebeck), Tübingen, 1920/1978, 433쪽.

28 위의 책, 433~434쪽.

29 정범모, 『학문의 조건: 한국에서 학문이 가능한가』, 서울: 나남, 2006, 153~154쪽.

30 Max Weber, 위의 책, 239쪽.

31 위의 책, 400쪽.

32 위의 책, 401쪽.

33 이에 관해서는 내 글 「무사상(無思想)의 사회, 그 구조와 내력: 현대 한국의 정신적 상황에 관하여」(계간 『사상』, 사회과학원, 1989년 여름 창간호, 권두 논문, 8~55쪽) 참조.

34 金禹昌, 「예술과 초월적 차원」(계간 『世界의 文學』, 1977년 가을, 권두 논문), 16~32쪽.

35 Georg Simmel, *Lebensanschauung, Vier Metaphysiche Kapitel*, München u. Leipzig, 1918, 24쪽.

36 위의 책, 25쪽.

37 위의 책, 51쪽.

38 위의 책, 83쪽.

39 최정호, 『藝術과 政治』, 서울: 民音社, 1977, 188~197쪽.

40 Viktor Frankl, *Aerztliche Seelsorge*. Franz Deuticke, Wien, 1946, 34~37쪽.

41 『한중록』, 480~481쪽.

42 예컨대 青木保・姜尚中 其他 (編), 『幸福. 變容するライフスタイル』(岩波書店, 'アジア新世紀 4'), 東京: 岩波書店, 2003; 丘山新 & 丘山萬里子, 『アジアの幸福論』, 東京: 春秋社, 2005 참조.

43 Aristoteles, *Die Nikomachische Ethik VII*, 12, 1153 a20~30.

44 Arthur Schopenhauer, *Aphorismen zur Lebensweisheit*, Magnus Verlag. Essen, 2004, 118~120쪽.

45 Paul Valéry, Inspirations Méditerraniéennes. Variété III, Paris, 1936, 242쪽.

# 11장

# 담론을 끝마친 뒤의 변론(辯論)

인문학을 공부하려는 젊은이들에게

# 인문학을 공부하려는 젊은이들에게

이것은 참 어중간한 글입니다.

'……했다' 하고 끝내지 않고 '……했습니다' 하고 사람 앞에서 말하듯이 적어 놓은 이 책은 글이라고 하기엔 아직 글투로 제대로 다듬어지지 않은 말이고, 그렇대서 그냥 말이라고 하기엔 이미 그런대로 한 권의 책으로 꾸민 글이 되고 말았습니다.

이처럼 어중간한 글이 나온 데는 두 가지 까닭이 있습니다. 첫째는 이 글을 쓴 사람이 본시 어중간한 사람이기 때문이고, 다음에는 이 글이 나온 배경이 또한 말과 글을 뒤섞어야 하는 동기를 대 주었기 때문입니다.

나는 한편으론 지난 50년 동안 신문, 잡지에 글을 쓰며 살아온 사람이라 언론인이라 할 수 있겠습니다. 그러나 그와 동시에 다른 한편으론 지난 40년 동안 대학에서 강의를 하며 살아온 사람이라 교직자라고 할 수 있습니다. 대중 매체의 글쟁이자 대학 강단의 말쟁이라 할 수가 있겠습니다. 기자이자 교수, 비전문가와 전문가의 양쪽에 두 다리를 걸친 어중간한 나의 삶이 결국 글 같지도 않고 말 같지도 않은 이런 어중간한 책을 꾸며 낸 바탕에는 깔려 있습니다.

게다가 이 책이 나온 배경을 말씀드린다면, 이것은 당초 글을 읽는 독자를 상대로 원고를 마련한 것이 아니라 주말에 강당에 모여 이 얘기를 듣는 청중을 위해서 준비한 원고였습니다. '했다'로 접근해 갈 수 있는 독자가 아니라 '했습니다'라고 말해야 될 청중을 염두에 두고 적은 글이었습니다.

그러나 이것은 '말처럼 글을' 쓰게 된 외부적인 우연한 이유이고, 그것 말고 나에겐 이런 투의 글을 선호한 보다 내면적인 본래의 다른 동기가 있었습니다. 그리고 그것은 이 책에 '복에 관한 담론'이란 제목을 얹힌 까닭이기도 합니다.

나는 대학 입학 전후의 젊은 시절부터 이른바 인문학 분야의 책 읽기를 좋아했고, 그러다 보니 철학을 공부하게 됐습니다. 그러나 대학에 들어가 철학의 책 읽기, 특히 독일 철학책을 읽는 공부는 나를 거의 절망시키고 말았습니다. 내 둔한 머리로는 그 책들을 읽고 이해하고 소화하기엔 그것들은 너무나도 난삽했던 것입니다.

철학 공부에 빠져 들어가지도 못하고 그렇대서 이제 빠져나오지도 못하는 그러한 유곡에서 어느 날 나는 데카르트René Descartes의 그 유명한 『방법 서설』Discours de la Méthode을 읽게 됐습니다. 나는 지금도 그 책을 읽고 난 감격을 잊을 수가 없습니다. 서양의 근대 철학, 아니 서양의 근대를 연 사상의 원전을 이렇게 쉽게 읽어 낼 수가 있다니, 도대체 서양 근대 사상의 제1원리라 하는 cogito ergo sum(Je pense, donc je suis, 나는 생각한다 그러므로 나는 존재한다)의 철학을 이렇게도 평이하게 적어 낼 수가 있다니……, 데카르트를 만난 것은 나에겐 하나의 구원이었습니다.

데카르트의 책이 구원처럼 나에게 계시해 준 것은 다른 것이 아닙니다. 철학적 사색의 깊이는 철학적 표현의 난이도難易度와는 아무 상관이 없다는 계시였습니다. 그것은 난해한 문장 속에 반드시 심오한 사상이 숨어 있는 것도 아니요, 평이한 글은 언제나 얄팍한 생각을 담고 있는 것이 더더욱 아니라는 진실의 계시입니다.

데카르트만이 아닙니다. 그보다 훨씬 앞서 그보다 훨씬 많은 책을 플라톤은 언제나 입씨름하는 소크라테스를 등장시켜 아주 평이한 일상적인 말로 적어 놓고 있습니다. 플라톤의 거의 모든 책은 거의가 글로 옮긴 소크라테스의 '말'입니다. 우리나라에서나 일본에서나 흔히 '방법 서설'이라 번역되고 있는 데카르트의 책도 원래 글이 아니라 말이고자 했던 것입니다. 책 제목을 제대로 번역하면 바로 '방법에 관한 담론'Discours de la Méthode입니다. 이 책이 처음 출판되자 그 당시에도 이미 책의 제목에 대해서는 이의를 제기하는 사람이 없지 않았던 모양입니다. 그래서 데카르트 스스로 평소 자주 교신하던 가까운 친구 메르센Marin Mersenne 신부에게 보낸 서한에서 다음과 같이 해명하고 있습니다.

"……나는 방법에 관한 논문Traité de la Méthode이라 하지 않고 방법에 관한 담론Discours de la Méthode이라 했고, 그것은 '방법에 관한 서언序言 또는 사견私見'이라는 것과 같으며, 나는 방법을 가르칠 의도는 없이 다만 방법에 관해서 얘기parler를 하려 했을 뿐이라는 것을 보여주고자 했던 것입니다."[1]

나는 감히 읽기 쉬운 글이 좋은 글이라고 생각하게 됐습니다. 읽기 쉬운 글이 그러나 쓰기도 쉬운 글은 아닙니다. 오히려 그 반대가 옳다고 생각됩니다. 누구나 이해할 수 있도록 글을 쉽게 쓰는 것이야말로 참으로 어려운 일이요, 남들이 이해할 수 없도록 어렵게 글을 쓰는 것은 아주 쉬운 일입니다. 나는 글에서는 언제나 밝은 것, 분명하고 명확한 것을 추구하고자 하면서 어느새 카르테지앙Cartesien(데카르트주의자)이 다 된 것처럼 철없이 거드름을 피우던 한때도 있었습니다. 그래서 다음과 같은 프랑스의 문명비평가 시그프리드André Siegfried의 말을 곧잘 인용하면서 내 공부가 부족해서 잘 알지 못하는 독일적인 사상을 비아냥대기도 했습니다.

"……독일 사람은 진리는 어두운 것la vérité est obscure이며 그쪽으로 향해 갈수록 사람은 밤의 어둠 속으로 깊이 빠져 들어간다고 생각하고 있다. 우리들(프랑스 사람)은 진리란 밝음을 가져다주는 빛la vérité est lumière s'accompagnant de clarté이라 믿고 있다……."2

독일 사람들이 진리는 어두운 데 있다고 생각한다? 나는 이제 그렇게는 생각하진 않고 있습니다. 독일에도 평이한 글 속에 깊은 생각을 담은 훌륭한 책들이 얼마든지 있습니다. 마르틴 루터의 거의 모든 설교와 저서들이 그렇고, 근래에는 막스 베버의 심오한 사회과학 체계를 손쉽게 읽을 수 있는 소책자(『직업으로서의 정치』Politik als Beruf, 『직업으로서의 학문』Wissenschaft als Beruf) 등이 그렇습니다. 그러고 보면 그것들은 다 같이 설교건 강연이건 '말'을 '글'로 옮겨 놓은 책들입니다.

아직도 진리란 어두운 데에 있다고 많은 지식인(?)들이 믿는 나라가 있다고 한다면, 그것은 독일보다 우리나라는 아닐는지. 그리고 만일 그게 사실이라면 우리나라의 전통 사회에선 어려운 글쓰기, 글 읽기에는 힘을 써 왔으나 쉬운 말로 소통하는 문화 전통은 매우 빈약했기 때문은 아닌가 생각해 봅니다. 우리에겐 글쓰기를 위한 '수사법'(레토

릭의 2차적, 파생적 의미)은 발달했어도 말하기를 위한 '변론법'(레토릭의 1차적, 원래적 의미)은 거의 부재했습니다. 막스 베버도 종교사회학적인 시각에서 전통적인 중국 문화를 서술하면서 말Reden(연설)의 미발달未發達에 관해서 예리하게 분석하고 있습니다. 중국에선 "말이란 상민常民들의 것"으로 간주되고 있었다는 것입니다.[3]

　말이 너무 길어진 것 같습니다. 어중간한 글을 적어 놓고는 그 변명만 장황해졌습니다. 꼬리가 길면 잡힌다는 말도 있으니 이만 그치도록 하겠습니다. 다만 한 가지 당부드리고 싶은 것은 앞으론 인문학이건 철학이건 여러분들의 명석한 머리로 읽고서도 이해가 잘 안 되는 책을 만나면, 그건 여러분들의 머리가 나빠서도 아니요 그 책이 여러분으로선 따라갈 수가 없는 무슨 심오한 사상을 내장하고 있기 때문도 아니라고 생각하십시오. 그것은 다만 그 책의 저자가 스스로 충분히 소화하지 못한 내용을 부실한 글로, 바로 그렇기 때문에 어려운 글로 적어 놓았다 생각하고 자신을 가지시란 얘기입니다. 끝까지 읽어주셔서 고맙습니다.

주

1 Descartes: Oeuvres et letters. Bibliothèque de la Pléiade, Gallimard, Paris, 1983, 960쪽.

2 Siegfried, André: L'âme des Peuples, Librairie Hachette, Paris, 1950, 137쪽.

3 Max Webe: Gesammelte Aufsätze zur Religionssoziologie. J. C. B. Mohr (Paul Siebeok), Tübingen. Vol. 1, 413쪽.

## 참고문헌

한국고전문학

· 癸丑日記

· 九雲夢

· 金鰲新話

· 謝氏南征記

· 淑香傳

· 沈淸傳

· 梁山伯傳

· 玉丹春傳

· 雍固執傳

· 仁顯王后傳

· 彰善感義錄

· 春香傳

· 한듕록: 閑中漫錄

· 洪吉童傳

· 興夫傳

· (收錄한 全集類:

　韓國古典文學大系, 民衆書館

　韓國古典文學全集, 普成文化社

　韓國古典文學大全集, 世宗出版公社)


· 龍飛御天歌, 乙酉文化社, 1975.

- 金邁淳(李錫浩 역), 洌陽歲時記(韓國名著大全集), 大洋書籍, 1975.
- 金思燁, 俗談論, 서울: 大建出版社, 1953.
- 金禹昌, 예술과 초월적 차원(계간 世界의 文學, 1977년 가을), 16~32쪽.
- 김지하 長詩, 蜚語(創造 通卷 26권 4호, 1972년 4월호), 120쪽.
- 讀書新聞社, 韓國古典에의 招待, 讀書出版社, 1962.
- 朴趾源(李宗源 校注), 許生傳(李朝漢文小說選. 韓國古典文學全集 5권), 1978.
- 朴泰洵, 낮에 나온 반달·定處(韓國文學全集 77), 三星出版社, 1973.
- 法制處 譯註, 經國大典, 一志社, 1978.
- 申叔舟(鄭之相 譯), 保閑齋集(韓國의 思想大全集 8), 同和出版公社, 1972.
- 柳東植, 韓國巫教의 歷史와 構造, 延世大學校出版部, 1975.
- 柳東植, 巫教의 大海: 韓國宗教의 어제와 내일(한국미래학회 편: 미래를 묻는다), 1970.
- 沈載完, 時調의 文獻的 研究, 世宗文化社, 1972.
- 李光奎, 韓國家族의 史的研究, 一志社, 1973.
- 李圭泰, 民俗에 나타난 男尊思想, 行動科學研究所, 1973.
- 李基文 編註, 歷代時調選, 三星文化財團, 1973.
- 李基文, 속담사전(개정판), 일조각, 1997.
- 李箕永, 韓國文化史上의 佛教와 道教(第7回 韓日佛教學術會議 發表 論文集, 佛教와 道教, 원광大學校 附設 宗教問題研究所), 1980.
- 李能和(金常憶 譯), 朝鮮女俗考(韓國名著大全集), 서울: 大洋書籍, 1975.
- 李御寧, 축소지향의 일본인, 문학사상사, 2008.
- 李佑成, 韓國의 歷史像, 서울: 創作과批評社, 1982.
- 李瀷(李翼成 譯), 星湖雜著, 서울, 1972.
- 李瀷(민족문화추진회 편), 星湖僿說, 서울: 솔출판사, 1981.
- 李滉(張基槿 譯), 退溪集(韓國名著大全集), 서울: 大洋書籍, 1981.
- 李之菡(權永大·李離和 譯), 土亭集(韓國의 思想大全集 11권), 서울: 同和出版公社, 1972.

· 林熒澤, 韓國文學史의 視角, 서울: 創作과批評社, 1984.

· 정범모, 학문의 조건: 한국에서 학문이 가능한가, 나남출판, 2006.

· 정약용, 국역 다산시문집 9(고전국역총서 241), 솔출판사, 1986 · 1996.

· 鄭麟趾(李民樹 譯), 學易齋集(韓國의 思想大全集 8권), 서울: 同和出版公社, 1972.

· 趙子庸, 世界 속의 韓民畵(호암미술관, 民畵傑作展 圖錄), 1983.

· 趙潤濟, 韓國文學史, 東國文化社, 1963.

· 車載浩 · 鄭範謨 · 李星珍, 韓國의 男兒尊重思想, 서울: 行動科學研究所, 1975.

· 崔南善 編, 時調類聚, 漢城圖書株式會社, (初) 1928 · (再) 1929 · (三) 1939.

· 최정호, 복(한국정신문화연구원 편, 한국민족문화대백과사전 제9권), 1989.

· 최정호, 世界의 舞臺, 一志社, 1976 · 1978 · 1986 / 시그마 프레스, 2005.

· 최정호, 울음의 文化 울음의 政治, 서울: 庚美文化社, 1977 · 1979.

· 최정호, 無思想의 사회, 그 구조와 내력: 현대 한국의 정신적 상황에 관하여(계간 사상, 사회과학원, 1989년 여름 창간호).

· 河海龍, 한국 기독교의 과거와 현재에 있어서의 부흥사의 신학과 실제. 오늘의 목회적 적용에 대한 연구(미국 샌프란시스코 신학대학 학위 논문).

· 韓沽劤, 富와 貴의 價値觀과 族譜의 思想: 社會的 條件과 우리 民族性(思想界, 1959년 8 월호).

· 洪錫謨(李錫浩 譯), 東國歲時記(韓國名著大全集), 서울: 大洋書籍, 1975.


· 論語


· 青木保 · 姜尙中 其他 (編), 幸福. 變容するライフスタイル(岩波書店, アジア新世紀 4), 東京, 2003.

· 丘山新 & 丘山萬里子, アジアの幸福論, 東京: 春秋社, 2005.

· 土居健郎, 甘えの構造, 東京: 弘文堂, 1971. (國譯) 아마에의 구조(이윤정 역), 한일문교 류센터, 2001.

· 利根川 裕, 日本人の死にかた, PHP研究所, 1981.

· 中根千枝, タテ社會の人間關係: 單一社會の理論, 東京: 講談社, 1967. (國譯) 일본사회의 인간관계(한림신서 일본학 총서 19), 도서출판 소화, 2002.

· 西田幾多郎, 哲學の根本問題. 續篇, 東京: 岩波書店, 1936.

· 西田幾多郎, 日本文化の問題, 岩波書店, 1940 · 2004.

· 橋川文三, 日本浪漫派批判序說, 東京: 未來社, 1960.

· 松本健一, 日本の失敗, 東京: 岩波書店, 2006.

· 松本義弘 解說 · 譯, 葉隱, 東京: Newton Press, 2003.

· 三島由紀夫, 葉隱入門, 東京: 新潮社, 1983.

· 三橋健, 日本人と福の神. 七福神と幸福論, 丸善(株), 2002.

· 宮崎市定, 科擧, 東京: 中央公論社, 1964.


· Abele, Andreas, Peter Becker (Hrsg.) Wohlbefinden. Theorie  Empirie Diagnostik. Juventa Verlag. Weinheim. München. 1991.

· Aristoteles: Ethicas Nichomacea. (獨譯) Die Nikomachische Ethik (uebers. v. Franz Dirlmeier) Philipp Reclam Jun. Stuttgart. 1069·1978.

· Aristoteles: Rhetorike 영역판 (trans. by George A. Kennedy) On Rhetoric. A Theory od Civic Discourse. Oxford Univ. Press. New York, Oxford. 1991.

· Bacon, Francis: Essays. Prometheus Books. Amherst. New York. 1955.

· Bauer, Wolfgng: China und die Hoffnung auf Glück. Paradiese, Utopien, Idealvorstellungen in der Geistesgeschichte Chinas. dtv Wissenschaftliche Reihe. 1974.

· Bellebaum, Alfred (Hrsg.) Glück und Zufriedenheit. Ein Symposium. Westdeutscher Verlag 1992.

· Benedict, Ruth: The chrysanthemum and the sword: Patterns of Japanese culture. Houghton Mifflin Co. Boston, 1946. (國譯) 국화와 칼(김윤식, 오인석 역), 서울: 乙酉文化社, 2008.

· Bruckhardt, Jacob: Griechische Kulturgeschichte. 4 Bände. dtv Bibliothek. München 1982. Vol. II

· Brugger, Walter (Hrg.): Philosophische Wörterbuch. Herder. Freiburg, Basel, Wien. 1981.

· Carl Friedrich von Siemens Stiftung: Was ist Glück? Ein Symposium. dtv München 1976.

· Cicero: Cato maior de senectue / Laelius de amicitita et Somnium Scipionis. (國譯) 마루쿠스 틀리우스 키케로, 천병희 역, 노년에 관하여 / 우정에 관하여, 숲, 2005/2009.

· Descartes, Oeuvres et letters. Bibliothèque de la Pléiade. Gallimard. 1953.

· Deutsch, Karl W.: The Nerves of Government. Models of political Communication and Control. The Free Press. New York. 1963.

· Epikur: Philosophie der Freude. Übersetzt v. Johannes Mewaldt. Alfred Kröner Verlag. 1973.

· Frankl, Viktor: Ärztliche Seelsorge. Franz Deuticke. Wien. 1946.

· Heidegger, Martin: Holzwege. Vittorio Klostermann. Frankfurt/M. 1957.

· Herodotus: The Histories (Penguin Classics). 1996.

· Hirschberger, Johannes: Geschichte der Philosophie. Altertum und Mittelalter. Herder. Freiburg Wien. 1965. (國譯) 강성위 역, 서양철학사, 이문출판사, 1981.

· Honnefelder, Gottfried (hg.): Vom Glück. Insel Verlag. Frankfurt/M 1986.

· Jaspers, Karl: Die massgebenden Menschen. Sokrates, Buddha, Konfuzius, Jesus. R. Piper & Co. Verlag. München. 1980.

· Kaltenbrunner, Gerd-Klaus: Üerleben und Ethik. Die Notwendigkeit, bescheiden zu sein. Herderbücherei. 1976.

· Kundler, Herbert (hg): Anatomie des Glücks. Kiepenheuer & Witsch. Köln. 1971.

- Kursbuch: Das Glück. Kursbuch/Rotbuch Verlag. März 1989. Heft 95.
- Liedloff, Jean: Auf der Suche nach dem Glück. Gegen die Zerstörung unserer Glücksfähigkeit in der frühen Kindheit. C. H. Beck München. 1980.
- Marcuse, Ludwig: Philosophie des Glücks. Von Hiob bid Freud. Diogenes Verlag. Zürich. 1972.
- Morris, Charles W. Paths of Life: Preface to a World Religion Univ. of Chicago Press 1973.
- Nietzsche, Friedrich: Die Philosophie im tragischen Zeitalter der Griechen. Karl Schlechta (hg.) Friedrich Nietzsche. Werke in Drei Bände. Carl Hanser Verlag, München, 1960.
- Nola, Alfonso M. di (hg.) Gebete der Menschheit. Insel Verlag. 1977.
- Platon: Nomoi (獨譯) (übers. v. F. Schleichermacher) Rowohlts Klassiker. Bd. VI. (國譯) 플라톤의 법률(박종현 역주), 서광사, 2009.
- Platon: Gorgias. (v. F. Schleichermacher) Rohwolts Klassiker. Bd. I.
- Platon: Kriton. (v. F. Schleichermacher) Rohwolts Klassker. Bd. I,
- Pross, Harry. Moral der Massenmedien. Prolegomena zu einer Theorie der Publizistik. Verlag Kiepenheuer & Witsch, Köln u. Berlin, 1967.
- Reynold, Gonzague de: Europas Einheit. Jerusalem, Griechenland, Rom. Verlag Anton Pustet. München, 1961.
- Ritter, Joachim (Hg.) Historische Wörterbuch der Philosophie. Bd. 2 Basel/Stuttgart 1971.
- Röpke, Wilhelm: Die Massengesellschaft und ihre Probleme. In: Albert Hunold (hg) Masse und Demokratie. Verlag E. Rentsch. Zürich & Stuttgart 1957.
- Russell, Bertrand. Mariage and Moral. London, Bantam. 1968.
- Russell, Bertrand. The Conquest of Happiness. New American Library. 1951.
- Schneider, Wolf: GLÜCK Was ist das? Versuch etwas zu beschreiben, was

jeder haben will. Rowohlt. 1981.

· Schopenhauer, Arthur :Aphorismen zur Lebensweisheit. Magnus Verlag. Essen 2004.

· Seneca, Lucius Annaeus: Vom glückseligen Leben. (hrsg. v. Heinrich Schmidt) Kröner, Stuttgart. 1978.

· Siegfried, André: L'âme des Peuples. Librairie Hachette. 1950.

· Simmel, Georgl: Lebensanschauung. Vier metaphysische Kapitel. Verlag von Duncker & Humblot, München und Leipzig. 1928.

· Sophokles: Oidipous epi Kolonoi. (國譯) 천병희 역, 콜로노스의 오이디푸스(소포클레스 비극전집), 서울, 2008, 206쪽. 영문 번역: Oedipus at Colonus. Translated by Sir Richard C. Jebb. Univ. of Chicago. 1952.

· Spaemann, Robert: Glück und Wohlwollen. Versuch über Ethik. Klett-Cotta, Stuttgart 1989.

· Sternberger, Dolf: Wandlungen des Glücksanspruchs in der Neuzeit. In: Kundler, Herbert (hg): Anatomie des Glücks. Köln. Kiepenheuer & Witsch. 1971.

· Watzlawick, Paul: Anleitung zum Unglücklichsein. R. Piper & Co. Verlag. München. Zürich 1983.

· Weber, Max: Gesammelte Aufsätze zur Religionssoziologie. Vol. 1. J. C. B. Mohr (Paul Siebeck) Tübingen, 1920/1978.

· Weber, Max: Politik als Beruf. Duncker & Humblot. 1993.

· Weber, Max: Wissenschaft als Beruf. Duncker & Humblot. 1996.

· Valéry Paul: Inspirations Méditerranienne. Variété III. Librairie Gallimard, Paris 1936.

· Yamamoto, Tsunetomo: HAGAKURE. The Book of the Samurai. (transl. By Wilson, William Scott. Kodansha International. Tokyo New York London, 2005.

# 찾아보기

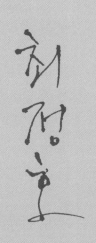